Zahlensystem der Induskultur
und Deutungsversuch der Indusschrift

Tapan Kumar Das Gupta

Zahlensystem der Induskultur und Deutungsversuch der Indusschrift

Bibliografische Information der Deutschen Nationalbibliothek:

Die deutsche Nationalbibliothek verzeichnet diese Publikation in der deutschen Nationalbibliografie; detaillierte bibliografische Daten im Internet über http://dnb.d-nb.de abrufbar.

2., erweiterte Auflage
© 2017 Tapan Kumar Das Gupta

Herstellung und Verlag: Bod - Books on Demand,
Norderstedt
Printed in Germany
ISBN: 978-3-7448-9401-2

Vorwort

Nach der Entzifferung der Hieroglyphen und der Keilschrift sind auch die Zahlensysteme der beiden Hochkulturen der Antike bekannt geworden, das Zahlensystem in Altägypten war dezimal und in Mesopotamien sexagesimal. Trotz zahlreicher Bemühungen konnte bis jetzt jedoch die Frage des Zahlensystems der Induskultur noch nicht geklärt werden. Die vorliegende Arbeit ist ein Versuch, dieses Problem zu lösen. Angesichts der bekannten Schwierigkeiten, die Induszeichen zu verstehen (siehe Arlene R. K. Zide 1979, 259), kann ein solches Unternehmen im Rahmen einer Hypothese geschehen. Zuvor sollen in einem Rückblick die Ansichten der Forscher über die Zahlen bzw. das Zahlensystem der Induskultur dargelegt werden. Der Zweck dieser Ausführungen besteht einerseits darin, dass Leser einen ersten Eindruck erhalten mögen, was bisher über dieses Thema geschrieben worden ist. Andererseits erwartet der Verfasser selbst, daraus Anregungen zu seinen eigenen Untersuchungen zu bekommen. Es ist auch zu berücksichtigen, dass oft die Gedanken über die Zahlen bzw. über das Zahlensystem im Gesamtkonzept der jeweiligen Forscher eingebettet bleiben, sodass zum besseren Verständnis des Sachverhaltes gewisse Kenntnisse ihrer Ansichten auch über die Indusschrift erforderlich sind. Da jedoch diese nicht das eigentliche Thema der vorliegenden Arbeit sein sollen, hat der Verfasser auf eigene Kritik bzw. Würdigung zu den Vorstellungen der hier behandelten Autoren verzichtet und in wenigen Fällen in den Fußnoten auf Ansichten anderer Verfasser hingewiesen. Würdigungen bzw. kritische Betrachtungen über die Entzifferungsversuche der Indusschrift finden sich in der Arbeit von Gregory L. Possehl (1996, 76-161).

Die fotographischen Wiedergaben der in dieser Veröffentlichung verwendeten Abbildungen sind in dem drei bändigen Werk „Corpus of Indus Seals and Inscriptions (CISI)" enthalten. Es ist noch zu berücksichtigen, dass die Zeichnungen hier nicht maßstabgerecht wiedergegeben worden sind. Stattdessen ist es versucht worden, die in Betracht kommenden Zahlzeichen auf den Funden hervorzuheben. Für das Durchsehen des Manuskripts dankt der Verfasser seiner Frau Brigitte Das Gupta.

Hamburg, im Mai 2016   Tapan Kuma Das Gupta

Vorwort zur 2. Auflage

In der 1. Auflage der Veröffentlichung mit dem Titel „Zahlensystem der Induskultur - eine Hypothese" ist die Verwendung der Zahlen auf einigen Funden behandelt worden. In der 2. Auflage sollen weitere Funde berücksichtig werden. In einer Rezension der 1. Auflage macht Andreas Fuls darauf aufmerksam, dass das Zahlensystem der Induskultur polyvalent sein könnte. Zuvor hat auch Wells eine solche Möglichkeit erwogen, auf die der Verfasser der vorliegenden Arbeit jedoch nicht näher eingegangen war, dies soll hier nachgeholt werden. Der Verfasser bedankt sich bei Herrn Fuls dafür, dass er mit ihm korrespondieren konnte, um einige Fragen zu klären.

Der Beitrag ist zugleich eine konstruktive Auseinandersetzung mit den Gedanken von Steve Farmer, Richard Sproat und Michael Witzel. Farmer *et al* haben ihre Arbeit betitelt „The Collapse of the Indus-Script Thesis: The Myth of a Literate Harappan Civilization". Sie meinen, dass die Induszeichen keine Schrift einer gesprochenen Sprache, sondern Symbole waren, die von allen Bevölkerungsschichten eines nicht schriftkündigen Volkes verstanden werden konnten. In einer kritischen Betrachtung lehnt Massimo Vidale die Ansichten von Farmer *et al* entschieden ab (Vidale 2007). Der Verfasser der vorliegenden Arbeit vertritt die Auffassung, dass einige Argumente von Farmer *et al* ernst genommen werden sollten, und die von ihnen aufgerollten Probleme gelöst werden müssen. So ist zu hoffen, auf dem schwierigen Terrain der Indusschrift weiterzukommen. Schließlich bemüht sich der Verfasser zu erkennen, inwieweit aufgrund der Befunde dieser Untersuchung eine Inschrift der Induskultur übersetzt werden kann. Damit wird die Thematik der 1. Auflage durch Ergänzungen erweitert, entsprechend ist auch der Titel der 2. Auflage.

Als Vorlagen der Zeichnungen der Arbeit dienen die Fotographien aus CISI, darin werden abgekürzt M: Mohenjo-daro, H: Harappa, L: Lothal, K: Kalibagan, Dmd: Daimabad.

Hamburg, im August 2017   Tapan Kumar Das Gupta

Inhaltsverzeichnis

RÜCKBLICK

1931 veröffentlichte John Marshall den Bericht über die archäologischen Ausgrabungen in Mohenjo-daro, die in den Jahren 1922 und 1927 im Auftrage der damaligen Britisch-Indischen Regierung ausgeführt worden waren.[1] Marshall äußerte seine Ansichten über die Zeichen auf den Siegeln und ging davon aus, dass es sich bei diesen um eine Schrift handelte. Nach seiner Meinung könnte man den Inhalt unter den damaligen Umständen lediglich mutmaßen, möglicherweise seien darauf die Namen der Eigentümer mit Rang und Titel angebracht. Was die Zahlzeichen anbelangt, wäre es zwar denkbar, dass die Anzahl der Objekte auf Behältern gekennzeichnet werden sollten. Dies erscheine jedoch nicht sehr logisch, denn es sei anzunehmen, dass die Menge der Objekte von Fall zu Fall sehr unterschiedlich gewesen sei. Es erhebe sich die Frage, wofür dauerhaft angelegte Siegel erforderlich wären.

Ein Zahlensystem in den Belegen lasse sich ebenfalls nicht erkennen: „…it should be observed that to extract a numeration-system from these writings seems impossible. Counting strokes, the only numbers found are 1, 2, 3, 4, 5, 6, 7, 8, and 12, and even these occur in different sizes and arrangements of unknown significance. Nine, ten and eleven cannot be identified though there is a possibility that they are denoted by a different kind of signs; thirteen is, it may doubtfully be suggested… With so restricted a range of numerals, even admitting the possibility of others not identified, it is hard to believe that a complete numerical-system exits in these inscriptions… The general conclusion is that these collections of strokes, though obviously containing a certain number of units, are not here used in a numerical sense, but most probably with a phonetic value, which is perhaps derived from the native words expressing the respective numbers."[2]

In der 1934 erschienen Dissertation gelangte G. R. Hunter zu dem Ergebnis: Die Indusschrift war phonetisch und monosilbig und aus Ideogrammen und Piktogrammen hervorgegangen. Die Sprache der Induskultur gehörte nicht zur indoeuropäischen Sprachfamilie. Hunter bezeichnete die Indusschrift als proto-indisch und teilte die Auffassung des Assyriologen Stephen H. Langdon, dass die spätere Brāhmī-Schrift der Indusschrift zu Grunde lag.[3] Die unterschiedlich dargestellten langen und die kurzen Strichen der Indusschrift sind nicht nur Zahlzeichen, sondern haben auch andere Verwendungen. So sind z. B. ein kurzer Strich (I) und zwei kurze Striche (II) zwei Vokale. Möglicherweise sind die Bezeichnungen der Zahlzeichen 1 und 2 und der beiden Vokale gleichlautend (homonym). Hunter nannte zwei Merkmale, um zu erkennen, ob die Striche der Indusschrift Zahlzeichen oder Wörter oder Silben sein sollen: „To decide whether in a given text a numeral sign is to be read as a numeral or as a word or syllable that happens to be a homophone of that numeral we have two indicators: (a) the recurrence of a particular sign accompanied by several different numerical signs, (b) the recurrence of one numeral sign, and one only, a number of times with one and the same non-numeral sign. In the former case the numeral sign is to be read as numeral, in the latter as a homophone unconnected with any numeral except by the accident of phonetic identity. There will remain a number of cases where a given sign is found only once or twice with a numeral sign. These will remain for the present dubious".[4] Hunter ging davon aus, dass ein Zeichen für 10 nicht sicher sei.[5]

---

[1] Marshall 1931.
[2] Marshall 1931, 412f.; Anmerkung zu 13 s. Ross, 1938, 5.
[3] Langdon 1931, 423.
[4] Hunter 1934, 96f.
[5] Hunter 1934, 98.

1938 veröffentlichte Alan S. C. Ross die Arbeit über „The ‚Numeral-Signs' of the Mohenjo-daro Script". Es ging ihm in erster Linie nicht um das Zahlsystem der Induskultur, sondern um die Art der Verwendung der Zahlzeichen mit Strichen in der Indusschrift, auch wenn er beiläufig auf das Zahlensystem einging. Außerdem beabsichtigte er die Frage zu klären, ob eine mit der Indussprache verwandte Sprache existiert und legte zu diesem Zweck zwei Hypothesen vor, von denen unten gleich die Rede sein wird.

Um die Charakteristika der Zahlzeichen zu erkennen, stellte Ross die Belege aus der Publikation von Marshall tabellarisch zusammen und bemerkte, dass es zwar denkbar wäre, dass Zahlzeichen der Indusschrift tatsächlich als Zahlzeichen verwendet worden waren, was er jedoch nicht für wahrscheinlich hielt: „Let us first consider the obvious possibility - that some or all of the numeral-signs actually signify the numbers indicated, i.e., that the numeral-signs are simple ideograms… if some of the numeral-signs are ideograms signifying the numbers indicated, the positions of the numeral-signs relative to the other signs of the script might be expected to be, in many cases similar. On the ideogram-hypothesis we should expect that the same sign would often be found to the immediate left or right (according to the direction of the script and the position of the numeral with regard to the thing qualified in the language concerned) of different numerals-signs. Actually this is not the case… Under these circumstances the obvious hypothesis - that the numeral-signs are in general used as ideograms signifying accrual numbers - is not tenable."[6] Nach Ross bleiben noch zwei Hypothesen übrig: I. Zahlzeichen werden für homonyme Wörter verwendet. Die Schwierigkeit einer solchen Hypothese besteht allerdings darin, dass es kaum Sprachen gibt, in denen ein Homonym zu jedem Zahlzeichen vorkommt. II. Zahlzeichen sind Phoneme. Ross hielt diese Hypothese für wahrscheinlicher und ging davon aus, dass es sich dabei um die Silben handelte.

Das Zahlensystem der Induskultur setzte Ross als dezimal voraus. Er berief sich dabei auf A. S. Hemmy, der einige Objekte im Hinblick auf ihre Gewichte untersuchte und feststellte, dass das dabei verwendete Zahlensystem teils dezimal und teils binär sein müsste.[7] Aus den Belegen der Indusschrift lasse sich allerdings das System nicht erkennen: „All that we should be entitled to conclude from the script itself on this point would be that the base of the chief numeration-system was greater than 8 and that it was not 11; for the next number to the base is usually a change-point… and, as we have shown, none of the numbers 1, 2, 3, 4, 5, 6, 7, 8, 9, are change-points; further 12 is not a change-point."[8] Mit dem Ausdruck „change-point" ist die Rangschwelle eines Zahlensystems gemeint. Die 12 soll ein Sonderfall sein, über deren Ursprung Ross lediglich mutmaßen konnte. Er implizierte, dass neben dem Dezimalsystem auch ein anderes System vorhanden sein könnte.[9] Es könnte ähnlich wie bei den Sumerern auch in der Induskultur ein sexagesimales Zahlensystem gegeben haben, das aus einer 60er Basis und 10er Sub-Basis bestand, und die 12 der Induskultur wäre darauf zurückzuführen: „If we assume that ‚12' is intrusive in the Mohenjo-daro system we might suppose that it is of autochthonous origin here also. But it is tempting to seek its origin to the west, where, in Mesopotamia (between which and the Indus Valley there was close contact), the early presence of a compound system, part decimal and part sexenary, might easily have given rise to such a concept."[10]

---

[6] Ross 1938, 13f.
[7] Hemmy 1931, 596.
[8] Ross 1938, 16, Fußnote 2.
[9] Ross 1938, 18.
[10] Ross 1938, 19.

Schließlich verglich Ross mit der Indussprache vier Sprachen (dravidische, indonesische, Munda und Burushaski), um zu erkennen, ob zwischen ihr und einer der vier Sprachen eine Ähnlichkeit besteht. Das Ergebnis: die Bedingungen der Hypothese I werden von keiner und die der Hypothese II von allen vier Sprachen erfüllt, am ehesten aber von der indonesischen Sprache, denn sie weist ein dezimales Zahlensystem mit keiner Rangschwelle unter 11 auf.[11] Ob dieser Befund allein einen brauchbaren Hinweis zum Problem des Zahlensystems der Induskultur liefere, sei freilich eine andere Frage.[12]

1958 teilte der Geistliche Pater Henry Heras die Ergebnisse seiner langjährigen Forschungsarbeit über die Indusschrift in einem umfangreichen Werk mit.[13] Darin nannte er 10 Voraussetzungen als Grundlage seiner Entzifferung der Indusschrift.[14] Heras vertrat die Auffassung, dass die Sprache der Induskultur proto-dravidisch war, und die Grammatik sich in einem frühen Stadium befand. Die Schrift ist eine „pikto-phonographische Schrift". Die Zeichen der Schrift sind weder Silben, noch bestehen sie aus Konsonanten, sondern stehen für Wörter. Um den Inhalt der Schrift zu verstehen, sollte versucht werden, die Wurzel der proto-dravidischen Wörter zu erkennen. Anhand des Zeichens des Fisches zeigte Heras, wie sie ermittelt werden können. Dazu heißt es: „First of all, there are some signs in our script whose values can only be explained in Dravidian languages. To give an instance, let us take the three following signs which are evident pictographs of fish:-

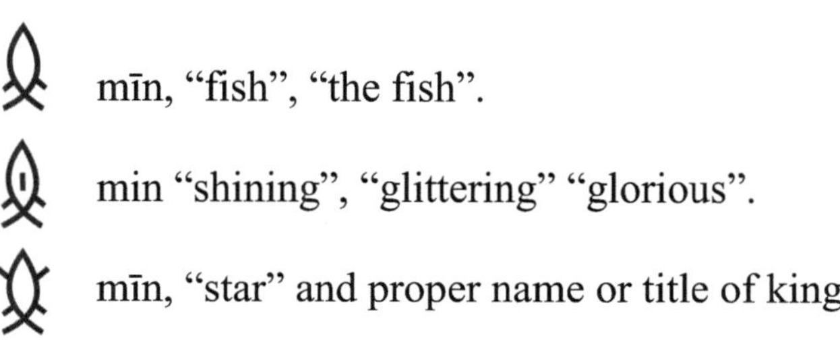

min, "fish", "the fish".

min "shining", "glittering" "glorious".

min, "star" and proper name or title of king.

Only in Dravidian languages these three signs have the same phonetic values corresponding to three different meaning, according to the three differences shown in the signs themselves. If we suppose for a moment that the language of Mohenjo-Daro was Sanskrit, we should read the three above signs *mātsya* or even *mīna* - a word borrowed from Dravidian languages; but these two words in Sanskrit have no other meaning than fish, and therefore we shall not be able to assign a proper meaning to the other two signs."[15] So soll das Zeichen des Fisches als ein proto-dravisches Wort min aufgefasst werden.

---

[11] Ross 1938, 20.

[12] Arlene R. K. Zide betrachtet zwar die Versuche der Entzifferung der Indusschrift äußerst skeptisch, beurteilt das methodische Vorgehen von Ross jedoch durchaus positiv: "Ross is the only author who makes inferences from the number of different signs and one of the handfuls who employs scientific, evaluative procedures rather than rhetoric in his examination and conclusions about the nature of the script, or as in his particular treatment the nature of the numeral system... The script of the Indus Valley seals as we have it, one must conclude, is virtually undecipherable. The task of deciphering an unknown language in an unknown script, to say the least, formidable. The inscriptions which are left to us, are far too short, and too limited in nature to infer any readings; further, the names of the civilization are lost to us, and as names usually provide the keystone of a decipherment, the possibility of breaking the script extremely unlikely. What can be inferred about the script, is limited to certain structural conclusions such as its nature as type of logosyllabic writing, the direction of writing, and possibly the numeral-signs as outlined by Ross." (Zide 1979, 259)."

[13] Publikationen von Heras s. Heras 1953, lvii-lix; Possehl 1979, 388f.

[14] Heras 1953, 61-66. Das Wesentliche der Ansichten von Heras mit einer kurzen kritischen Würdigung s. Possehl 1996, 110-115.

[15] Heras 1953, 99f.

Heras präsentierte eine Liste der proto-dravidischen Wörter.[16] Ein piktographisches Zeichen, z. B das Zeichen eines Mannes (*āḷ*), ist ein Mann. Unter den phonographischen Zeichen versteht Heras eine Klasse von Zeichen, in der keine konkreten Objekte, sondern abstrakte Ideen enthalten sind.[17] Die Bedeutung solcher Zeichen sollen in piktrographischen Verwendungen anderer Völker der Antike gesucht werden. Z. B. hat ein Zeichen T mit kleinen horizontalen Strichen darauf bei den Sumerern den phonetischen Wert „groß", ein ähnliches Zeichen der Indusschrift hat den phonetischen Wert *per* und deshalb die Bedeutung „groß". Es gibt in der Indusschrift auch Ligaturen, z. B. eine aus zwei Zeichen zusammengesetzte Wiedergabe - „ein Mann (*āḷ*) in der Hand (*per*) das Zeichen T mit kleinen horizontalen Stichen darauf" - hat die Bedeutung „ein großer Mann (*perāḷ*)". Eine eckige Klammer (*van*) über einem Zeichen ist als Determinativ zu verstehen, so hat z. B. das Zeichen aus drei Dreiecken (*nila*) mit der eckigen Klammer (*van*) darauf die Bedeutung „Landbesitzer (*nilavan*)".

Heras schrieb schon im Jahre 1939 eine Arbeit über die Zahlzeichen der Induskultur.[18] Dabei wurde ebenfalls zwischen der piktographischen und der phonographischen Verwendung der Striche unterschieden. In den piktographischen Darstellungen sind die Striche Zahlzeichen, dabei sind die kurzen und langen Striche Varianten, und ihre unterschiedlichen Platzierungen sind lediglich durch den zur Verfügung stehenden Platz bedingt. Heras verwendete folgende Bezeichnungen der Zahlzeichen: *or* (1), *ir* (2), *mūn* (3), *nāl* (4), *ai* (5), *ār* (6), *ēḷ* (7), *eṭ* (8), *onpad* (9), *pad* (10), *padrāḍ* (12), *mūnēḷ* (21), *mūneṭ* (24), *mūnpadrāḍ* (36).[19] Die Benennungen der Zahlzeichen sind die „proto-dravidischen" Kardinalzahlen, und es wird bei den phonographischen Wiedergaben der Striche davon Gebrauch gemacht. Die Zahlzeichen werden stets zusammen mit einem piktographischen bzw. phonographischen Nichtzahlzeichen verwendet. Z. B. bedeuten die sieben Striche neben dem Zeichen des Grabmales „sieben Tote (*ēḷ kā*)". Die Zahlzeichen werden nicht nur getrennt von dem piktographischen bzw. phonographischen Zeichen verwendet, sondern auch an das Zeichen angehängt. So ist das phonographische Zeichen einer Stadt (*ūr*) ein Zeichen eines Kreises bzw. eines Ovals. Werden drei Striche an das Zeichen der Stadt angefügt, dann heißt es „drei Städte (*mūnūr*)". Soll darüber hinaus die Einheit der drei Städte hervorgehoben werden, dann wird zusätzlich ein langer Strich neben dem Zeichen der „drei Städte" angebracht.

In Folgendem werden einige Beispiele zum phonografischen bzw. grammatischen Gebrauch der Striche darlegt: Die Bezeichnung des Zahlzeichens für die vier in der Indusschrift ist *nāl* und in der tamilischen Sprache heißt *nal* „gut". Das Zeichen eines Mannes (*āḷ*), der den ersten Strich der neben ihm stehenden vier Strichen festhält (*nālāḷ*), ist auszulegen als „ein guter Mann". Es handelt sich also um eine homonyme Verwendung. Das Zahlzeichen für die eins, also ein Strich kann auch benutzt werden, um den Plural auszudrücken: Wenn der Mann in einer Hand einen Strich hochhält (*āḷor*), dann handelt es sich um „Mann mehrfach, also Männer". Schließlich können die Striche auch ein Determinativ sein: Ein Zeichen aus zwei miteinander greifenden Ovalen hat die phonographische Bedeutung „zwei verbündete Staaten (*kalakūr*)", erhält dieses Zeichen auf der rechten und auf der linken Seite jeweils zwei kurze Striche, dann heißt das Zeichen "Bürger der verbündeten Staaten (*kalakūrir*).

---

[16] Heras 1953, 136-148.
[17] Vgl. Possehl 1996, 112f.
[18] Heras 1939.
[19] Heras erwähnte Varianten der phonographischen Wiedergaben der Zahlzeichen, die hier nicht berücksichtigt werden.

Heras hatte sich auch bemüht, einige Übersetzungen der Indusschrift vorzulegen.[20] Er konnte aber Forscher von deren Richtigkeit jedoch nicht überzeugen, sein methodisches Vorgehen erhielt dagegen Anerkennung.[21]

1974 veröffentlichte der Assyriologe James V. Kinnier-Wilson eine Monographie über die Indusschrift und 1984 das Wesentliche des Inhaltes seiner früheren Veröffentlichung.[22] Er vertrat die Auffassung, dass die Schrift der Sumerer und die Indusschrift auf eine gemeinsame Quelle zurückgingen. Später hatten sie sich zwar unterschiedlich entwickelt, einige der ursprünglichen Merkmale waren jedoch in den beiden Schriften noch erhalten geblieben.[23] Kinnier-Wilson war der Auffassung, dass Inhalte der Indusschrift die Rechnungswesen/Buchführung betrafen.[24] Er legte eine Tabelle mit einigen Zeichenkombinationen der Indusschrift vor. Darin ist mehrfach folgendes Zeichen zu erkennen:[25]

Aus praktischen Gründen bezeichnete Kinnier-Wilson es in seiner Arbeit als „Q-Zeichen". Auf der rechten Seite vom Q-Zeichen erscheinen jeweils 3, 4, 5, 6, 7 und 8 Striche. Das Q-Zeichen mit 9 Strichen ist zwar nicht belegt, wird aber in der Tabelle ergänzt und mit einer eckigen Klammer wiedergegeben, um dies zu kennzeichnen. Es sind noch zwei weitere Zeichen vorhanden, ein Kreis, in dessen Mitte sich ein Q-Zeichen befindet und ein Q-Zeichen, an deren rechten Seite zwei ineinander greifende Kreise abgebildet sind. Kinnier-Wilson bemerkte dazu: "From these examples our first conclusion would be that the „numeral signs" are indeed being used as numerals, and secondly that the sign „Q" is most likely to have been a unit of measure."[26]

Damit deutete Kinnier-Wilson die Striche als Zahlzeichen, das Q-Zeichen als „Maßeinheit", ferner einen Kreis als 10, zwei Kreise als 20. Ein U-Zeichen und ein halbmondförmiges Zeichen der Indusschrift sollen jeweils als „ein Teil eines Kreises" und so als 5 aufgefasst werden.[27] Übrigens soll das Fischzeichen der Indusschrift ein Zahlen-Determinativ sein.[28] Kinnier-Wilson teilte die Ansicht von Ross, dass die Induskultur über ein dezimales Zahlensystem verfügte.[29] Wie hier oben bereits erwähnt, schloss Ross zugleich sumerische Einflüsse auf das Zahlensystem der Induskultur nicht völlig aus. Bei diesem Punkt näherte sich auch die

---

[20] Heras 1953, 104-107, 155ff; 1939, 456, 459; Possehl 1996, 114.

[21] Zvelebil schrieb in seiner Würdigung der Leistung von Heras: „He reached the conclusion that Harappan was a kind of ancient Tamil, and many of his intuitions were adopted twenty years later by the Russian and Finnish teams. It is only fair to say that even the very recent attempts to decipher the scripts do not go very much beyond what Heras has achieved intuitively. It is quite apparent that these contemporary attempts have drawn much inspiration from Heras, both as to the method of segmentation of the signs, and to the interpretation of their functioning and meaning; the whole idea of homophones, of the rebus principle, is already contained in his work" (1985, 156). Possehl zitierte die Bemerkung von Zvelebil und fügte dann hinzu: „Father Heras emerges as kind of pioneer in the study of Harappan. Even if he was wrong, he developed a method that in some ways has yet to be bettered, although computers have accelerated some operations (1996, 115)."

[22] Kinnier-Wilson 1974; 1984.

[23] Kinnier-Wilson 1974, 43.

[24] Kinnier-Wilson 1984, 175f; 1974, 23.

[25] Kinnier-Wilson 1974, 6ff; Plate I, c und e.

[26] Kinnier-Wilson 1974, 7.

[27] Kinnier-Wilson 1974, 7f.

[28] Kinnier-Wilson 1974, 11, 20; vgl. auch 1984, 176.

[29] Kinnier-Wilson 1974, 6.

Auffassung von Kinnier-Wilson Überlegungen von Ross. Kinnier-Wilson maß zwar der unterschiedlichen Platzierung der kurzen Striche keine besondere Bedeutung bei, hielt jedoch ihre kurzen und langen Wiedergaben nicht für einen Zufall. Er glaubte, die Lösung des Problems ebenfalls bei den Sumerern zu finden. Die langen Striche eins, zwei, drei usw. seien als 60, 120, 180 usw., also als sexagesimal wie bei den Sumerern zu lesen. Ferner soll das „ T - Zeichen" mit vier Strichen darauf 60 + 40 = 100 heißen, und aus zwei solchen übereinander platzierte „ T -Zeichen" ergebe sich 100 + 100 = 200. Komme dann ein „Q-Zeichen" noch hinzu, dann handele es sich um Objekte mit dem Wert von 200 Q.

Iravatham Mahadevan, Beamter des gehobenen Dienstes der indischen Regierung, befasste sich zunächst aus Interesse mit der Erforschung der Tamil Inschriften und dann später mit der Entzifferung der Indusschrift. Nachdem er in den Ruhestand getreten war, widmete er sich ausschließlich wissenschaftlichen Arbeiten. Sein größter Verdienst besteht darin, dass unter seiner Federführung eine Konkordanz der Indusschrift verfasst wurde.[30] Mahadevan legte auch ein theoretisches Konzept zur Entzifferung der Indusschrift vor. Er nannte es „die bilingualen Parallelen". 1988 hielt er anlässlich einer Tagung des Indian History Congress einen Vortrag, in dem er sein Konzept kurz so erörterte: „The Indian historical tradition has come down to us in two main linguistic streams, viz., Indo-Aryan and Dravidian. It is likely that due to prolonged bi-lingualism and racial fusion in the Indian subcontinent, Harappan names passed into the Indo-Aryan as loan-words and translations. It is therefore useful to search for bi-lingual parallels from both Indo-Aryan and Dravidian sources while attempting to interpret the ideographic signs. The advantage of the method of bi-lingual parallels is that it is not necessary to make any *a priori* assumption about the linguistic affinity of the Harappan language, even while hoping that accumulation of evidence would ultimately help to resolve this question."[31]

Nach Mahadevan müssten in der Indusschrift die Zahlen vorhanden sein - wenn sich in den Strichen auf Töpferwaren und Objekten aus Bronze eine Sequenz von 1, 2, 3 usw. erkennen lasse, dann sei es logisch, dass es sich um die Zahlzeichen handele. Offensichtlich waren sie dafür gedacht, Gegenstände aufzuzählen. Allem Anschein nach war das Zahlensystem dezimal, in dem die Ziffer 1 bis 9 mit kleinen Strichen und 10 mit einem hufeisenförmigen Zeichen (∩) verwendet wurden, wie bei dem Zahlensystem in Altägypten. Die Ziffern von 6 bis 9 wurden auch mit Strichen in zwei Reihen geschrieben. Die langen Striche sollen keine Zahlzeichen sein, lediglich könnten es auf kleinen Tafeln aus Harappa solche gewesen sein. Manche kleinen Striche, die etwa mit anderen Zeichen erscheinen, waren sicherlich keine Zahlzeichen, sondern wohl Suffixe. Was die 12 Striche anbelangt, heißt es dann: „The sign with 12 strokes arranged in three tiers does not function as a numeral as the number of strokes is found to be variable and the occasional zig-zag arrangement of the tiers and doubling of the sign are features not shared by the numeral signs. Numerals also appear to be used in ideographic (non-numeral) function especially when they appear as fixed numbers in set combinations (e.g.) VII-CITY, III-FENCE. The largest numbers identified so far are 35 and 76 occurring on two bronze axes (6306, 2925). Signs for higher numbers, especially for 100 and 1000, may exist as still un-identified word-signs."[32]

---

[30] Mahadevan 1977.
[31] Mahadevan 1989, 615; s. auch 1972.
[32] Mahadevan 1989, 610.

Seit 1965 bemühte sich eine russische Arbeitsgemeinschaft unter der Federführung von Yuri V. Knorozov die Indusschrift zu entziffern, die „proto-indisch" genannt wurde.[33] Die Grundlage der russischen Forschung bildete eine auf dem Computer gestützte statistische Ermittlung der Strukturen der Indusschrift. Die Schrift wird in Blöcken aufgeteilt, die aus Wörtern, Präpositionen, Partikeln, Suffixen, Konjunktionen, usw. bestehen sollen. Das Wesentliche der Auffassungen von Knorozov fassten Zide/Zvelebil in 6 Punkten zusammen: „In general, the characteristic features of the Proto-Indian script are the following: 1. There is stable word-order in a sentence; 2. Determination precedes that which is determined (e.g., adjectives precede substantives); 3. Nouns occurring before other nouns function as adjectives and are without suffixes; 4. The combination of a numeral with a substantive does not require plural affixes; 5. Only suffixes occur (there are no prefixes or infixes); 6. Suffixes may be combined in pairs of definite combinations".[34] Nach Knorozov weisen diese Merkmale darauf hin, dass die proto-indische Sprache zur Familie der dravidischen Sprachen zu rechnen sei. Es sei wünschenswert, eine Grammatik und ein Lektion der proto-indischen Sprache zu entwickel, das vorhandene Material reiche aber hierfür nicht aus.[35]

Was das Zahlensystem der Induskultur anbelangt, handele es sich um ein dezimales System. Dabei bestehen 1 bis 9 aus kurzen Strichen, und das Zeichen ∧ soll 10 darstellen: „Vertical short strokes occurring in combinations from one to nine are undoubtedly numbers and constitute a special group of signs. The Proto-Indians used decimal numeration which is proved by the rendering numbers as well as by the discovery of a graded scale. The sign ∧ was apparently used to denote 10. In some blocks, however, the numbers 12 and 24 are written only by means of short strokes".[36] Auch wenn hier die langen Striche nicht ausdrücklich erwähnt werden, werden sie doch an manchen Stellen durchaus als Zahlzeichen aufgefasst, so zum Beispiel das U-Zeichen mit langen Strichen 1 bis 4.[37] Wenn vier kurze Striche häufiger erscheinen, könne es sich dabei um eine homophone Verwendung handeln.[38] Es ist hier noch zu bemerken, dass Knorozov nicht sagt, wie ein Dezimalsystem mit Strichen 12 und 24 erklärt werden kann. Kamil V. Zvelebil schlägt an dieser Stelle ein oktales System vor.[39] Das Problem bleibt aber weiterhin bestehen. Wie unten noch zu erkennen sein wird, wird die Klärung dieser Frage zum Verständnis des Zahlensystems der Induskultur von entscheidender Bedeutung sein.

In den siebziger Jahren - in der Zeit, als sich die russischen Forscher mit der Indusschrift befassten - widmete sich diesem Thema eine Arbeitsgruppe von finnischen Forschern.[40] Dabei werden die Inschriften der Induskultur ähnlich wie von den russischen Forschern mit Hilfe vom Computer analysiert und eine Konkordanz aufgestellt.[41] Von den Verfassern, die dabei beteiligt waren, ist Asko Parpola mit seinen Veröffentlichungen besonders hervorgetreten. Sein Verdienst besteht nicht nur darin, dass er sich bemühte, die Indusschrift zu entziffern, sondern auch darin, dass es ihm gelang, erforderliche finanzielle Mittel dafür zu gewinnen

---

[33] Parpola, 1994, 60; Possehl hat in seiner Arbeit die Ergebnisse der Untersuchungen der russischen Forscher zusammengefasst (1996, 115-121). Die Ausführungen des Verfassers der vorliegenden Arbeit stützen sich auf die Übersetzungen von Zide/Zvelebil (1976).
[34] Zide/Zvelebil 1976, 60.
[35] Zide/Zvelebil 1976, 59.
[36] Zide/Zvelebil 1976,103.
[37] Vgl. Zide/Zvelebil 1976,104.
[38] Vgl. Zide/Zvelebil 1976,104.
[39] Zide/Zvelebil 1976, 110, Fußnote 3.
[40] Parpola, 2005, 34.
[41] Vgl. Parpola, 1994, 62f.

und in Zusammenarbeit mit indischen, pakistanischen sowie anderen Forschern ein dreibändiges Werk „Corpus of Indus Seals and Inscriptions (CISI)" herauszugeben.[42] Diese Arbeit und die bereits erwähnte Konkordanz der Indusschrift unter der Federführung von Mahadevan bilden zurzeit ein unentbehrliches Hilfsmittel zu weiterer Erforschung der Indusschrift.

So hat sich Parpola seit mehr als vier Dekaden mit der Entzifferung der Indusschrift befasst. Dabei lässt sich eine allmähliche Entwicklung seiner theoretischen Überlegungen erkennen. Seine ersten Veröffentlichungen betrachtet Parpola selbst als unreif.[43] Die Vollendung seiner Theorie findet sich in seinem Hauptwerk „Deciphering the Indusscript" aus dem Jahre 1994. Nachdem er darin über den Forschungsstand der Indusschrift referiert hatte, bemerkt er selbstkritisch: „In smmary, none of the attempts at deciphering the Indus script made so far (including that of our Finnish team) has gained wide acceptance. Not all work on the Indus script can be disqualified, however. There are solid contributions on various aspects of the script by a number of scholars..."[44] Parpola ist davon überzeugt, dass die Zeichen auf den Siegeln der Induskultur eine schriftliche Wiedergabe einer Sprache sein müssen. Erst in den letzten Jahren haben Steve Farmer *et al* die Richtigkeit dieser Ansicht in Zweifel gezogen.[45] Sie gehen davon aus, dass solche Zeichen gar nicht die Schrift einer gesprochenen Sprache sein können. Sie sollen eher - ähnlich wie die Darstellungen auf den babylonischen Grenzsteinen (Kudurri) - lediglich „Symbole" gewesen sein.[46] Parpola hat seinerseits gegen diese Auffassung ausführlich Stellung bezogen.[47] Zugleich war die Kontroverse auch der Anlass dafür, dass er seine theoretischen Überlegungen mit wenigen Worten zusammenfasste.

Die Ansichten von Parpola stützen sich auf drei prinzipielle Überlegungen. Sie beziehen sich auf die Gestaltung der Schrift, die Darstellung der Schriftzeichen und die Art der Indussprache. Eine Schrift kann sein: logosilbig, in der die Zeichen vollständige Wörter oder Silben darstellen, silbisch, in der die Zeichen die Werte der Silben aufweisen, oder alphabetisch, in der die Zeichen getrennte Phoneme - in älteren Schriften hauptsächlich Konsonanten - bilden. Zurzeit sind in der Indusschrift ca. 400 Zeichen auf einer Basis von 200 Elementen bekannt. Diese Anzahl sei zu groß für die silbischen oder die alphabetischen Schriften, entspräche jedoch gut den logosilbischen Schriften früherer Zeiten. Parpola schließt daraus, dass die Indusschrift logosilbig sein müsste. Das einzelne Zeichen einer logosilbischen Schrift könne Homophon sein und so sich auf ein anderes Objekt als auf den unmittelbar erkennbaren Gegenstand beziehen (Rebus). Zum Beispiel sei das häufig verwendete Fischzeichen der Indusschrift ein Rebus (s. u. offene Fragen.). Parpola geht nun davon aus, dass etwa 1 Millionen Menschen in einer Zeitspanne von 700 Jahren die Indussprache gesprochen haben könnten,

---

[42] Parpola, 2009, 41-43.
[43] Parpola 2009, 41.
[44] Parpola 1994, 61.
[45] Farmer et al 2004.
[46] Kontroverse Diskussionen sind ja in der Wissenschaft nicht ungewöhnlich und auch erwünscht, um ungeklärte Fragen aus unterschiedlichen Perspektiven zu durchleuchten. Dennoch ist es müßig, darüber zu streiten, ob es bei den Zeichen der Induskultur eine Schrift oder Symbole sein sollen (s. hierzu C. C. Lamberg-Karlovsky, in Wells 2011, XIII-XV). Anders als die Fußspuren der Dinosaurier handelt es sich bei den Induszeichen um Denkprodukte von Menschen, die für die Nachwelt erhalten geblieben sind. Heute kann es darum gehen, mit dem Ethnologen Adolf Bastian bildlich gesprochen, schlafende Gedanken aufzuwecken, um sich in die Gedankenwelt eines in der Geschichte verschollenen Volkes hineinzuversetzen. Wie dies gelingen soll, ist ohne Belang. Ein Vergleich mit den babylonischen Grenzsteinen (kudurri) bringt die Sache nicht weiter. Es obliegt den Protagonisten der Symbol-Theorie zu zeigen, wie die Inhalte der mehr als 400 „Symbole" der Induskultur verstanden werden sollen.
[47] Parpola 2008; s. auch 2005, 34- 43.

und es sei unwahrscheinlich, dass die Sprache später vollständig verlorengegangen sei. Er nimmt an, dass die Indussprache, am ehesten zur Familie der dravidischen Sprachen gehörte.

Parpola erkennt lange Striche, kurze Striche und ein hufeisenförmiges Zeichen (∩) als die Zahlzeichen der Induskultur. Einige kurze Striche werden als Zahlzeichen zugleich als diakritisches Zeichen aufgefasst.[48] Die längeren Striche sollen in den früheren Inschriften charakteristischer gewesen sein. Manche längeren Striche haben jedoch andere Bedeutung als die Zahlzeichen: "From Murukans name we now turn to astronomical terms. The word for white with the widest distribution in Dravidian languages is *Vel*, a close homophone of Murukans name *Veel*. ... The phonetic shape *veL/veel* has thus emerged as the shared component X in the compounds *Muruku-X* and *X-miin*. This intended meaning of the sign two long vertical strokes is homophonous with Proto-Dravidian *veLi* open or public space, space (in general) and intervening space, i.e. the atmosphere between heaven and earth (Samskrit antarikaSa). Intervening space, atmosphere could be pictorial meaning of the sign, for on the basis of various other evidence it seems likely that the sign consisting of three long strokes denotes the three worlds. Another attested meaning for *veLi* is space between two furrows in ploughing, which also fits well the two long vertical strokes."[49]

Anders als die russischen Autoren glaubt Parpola nicht, dass ein Zeichen aus 12 kurzen Strichen überhaupt ein Zahlzeichen war. Das Hufeisenzeichen (∩) stehe wahrscheinlich für die Zehn.[50] Unter Hinweis auf das proto-dravidische Zahlensystem vermutet Parpola, dass der Induskultur zwei Zahlensysteme, dezimal und oktal zur Verfügung gestanden haben könnten: „There is evidence in the numeral system of Proto-Dravidian for both a decimal and an octonary system. The numerals for both 'ten' (*paḵtu*) and 'hundred' (*nūṟu*) can be reconstructed for Proto-Dravidian. On the other hand, in Proto-Dravidian the root for 'eight' (*eṇ*) also means 'number' and 'to count', suggesting that this was the original turning-point in counting (once apparently performed with the help of the fingers but excluding the thumbs)."[51]

Der Archäologe Walter A. Jr. Fairservis, der Ausgrabungen in Harappa (Allahdino ca. 40 km von Karachi, Pakistan) ausgeführt hatte, stellte seine Hypothese über die Indussprache auf. Zusammenfassungen der Ansichten Fairservis finden sich bei Kamil V. Zvelebil und Gregory L. Possehl.[52] Zvelebil beschrieb die Hypothese von Fairservis mit folgenden Worten: „... Fairservis came around 1980 with the hypothesis that the Harappan language is a form of Dravidian which in is basic root morphemes is closest to Tamil-Kannaḍa, with logographic script containing about 400 graphemes that should be read generally from right to left... Also, Fairservis pleads for a reconstruction by the Dravidianists of obvious artifactual vocabulary familiar to the archaeologist which would include words for characteristically Harappan objects (he offers such word-list)... In support of the Dravidian hypotheses, he unfolds very impressive archaeological-anthropological evidence... He then bases the actual attempt at deci-

---

[48] Parpola 1984, 184.

[49] Parpola 2010, 27.

[50] Parpola 1985, 403.

[51] Parpola 1994, 169. In früheren Veröffentlichungen der finnischen Forscher unter Beteiligung von Asko Parpola wird das Hufeisenzeichen (∩) als eine Variante für das Zahlzeichen 8 genannt, das sonst mit acht kurzen Strichen abgebildet wird. Mit einem langen Strich sei „(eine) Person" gemeint. Die Striche I, II und ⸯ sollen Vokale sein, nämlich „ein a, zwei a und langer Vokal", dazu wird weiter bemerkt, dass es sich bei diesen um ein „derivational-inflexional suffix" handelt. Sonst sind die Zahlzeichen die proto-darvidschen Kardinalzahlen wie bei Heras (Parpola u. a. 1970, 44, s. auch 1969b, 37).

[52] Zvelebil 1990, 92-94; Possehl, 1996, 151-156.

pherment on the following premises: 1) The seals are concerned with the identification of the bearer as an individual - in other word: search for proper names, ranks, titles, occupation, pace of residence. 2) The script is logosyllabic, like modern Sino-Japanese. 3) The homophonic or rebus principle was in use. 4) Dravidian - presumably early Kannaḍa-Tamil - is the most likely candidate since it has a word for grain which also means 'moon/month' (*nel-a), and since its original system of numerals was to the base 'eight', as in the Harappan script."[53]

Um die Zahlzeichen in den Texten zu deuten, erkannte Fairservis drei Möglichkeiten (1992, 59f): 1. sie sind Ordinalzahlen, 2. sie werden wegen ihres Wohlklanges (euphony) benutzt, was Fairservis freilich für sehr unwahrscheinlich hielt, 3. sie sind als Homophone verwendet, wofür u. a. die beiden Bezeichnungen nāl (vier) und nal (gut) der dravidischen Sprache als Beispiel genannt werden. Nach Fairservis stehen ein kurzer Strich für den Genetiv, zwei kurze Striche für den Lokativ oder für ein Präfix, sonstige kurze Striche und die langen Striche sind Zahlzeichen, die auch adjektivisch bzw. als Varianten verwendet werden.[54] Das Zeichen mit 12 kleinen Strichen hielt er nicht für ein Zahlzeichen, sondern für eine Darstellung von Wasser, Flüssigkeit, Regen, Flüssen.[55] Auch befasste sich Fairservis mit den Zeichen ∧, dessen Bedeutung ihm aber nicht ganz klar war. Er schloss aber nicht aus, dass es sich um eine besondere Art des Zahlzeichens handeln könnte, das im Zusammenhang mit dem Gewicht bzw. mit einer Sorte des Metalls zu tun hatte.[56]

Fairservis glaubte, in den Funden der Induskultur Belege für einen Kalender zu finden. Dabei machte er auf die Zeichen ᚲ, O, Ψ, ᛉ auf einer Reihe von Elfenbeinstäben aufmerksam, die bei der Ausgrabung in Mohenjo-daro gefunden worden war.[57] Einige solcher Zeichen werden zusammen mit Strichen abgebildet. Die Zeichen Ψ und ᛉ, die „Getreidestängel" sein sollen, sind Varianten und haben zugleich die Bedeutung „eines synodischen Monats".[58] Nun erscheinen auf einem Stab die Zeichen ᚲ und O alternierend in regelmäßigen Abständen.[59] Nach Fairservis stellen sie den Mond und die Sonne bzw. die Nacht und den Tag dar. Er maß die Abstände zwischen ihnen ab und kam zum Schluss, dass diese jeweils den monatlichen Mondphasen entsprechen, und es handelt sich also um eine „calendar machine" zur Bestimmung eines synodischen Monats.[60] Die Monatszeichen aus Ψ mit jeweils 2 bis 7 Strichen sollen sich auf die Zeit von Dezember (beginnend mit der Sonnenwende) bis Mai beziehen.[61] Fairservis bemerkte: „The number system was a base-eight with symbols used for eight and above. The higher numbers beyond ten were combined with single-stroke multiples. This system was used in following the calendar, which was lunar, with measurements of 21 ½ days, from crescent to crescent moon, with an eight-day dark interval acknowledged as a part of any given month. The calendric year acknowledged two seasons-kharif-neṟam, from June to Sep-

---

[53] Zvelebil 1990,93. Bei der im Zitat erwähnten „word-list" handelt es sich um eine Liste der Induszeichen, die offensichtlich nach dem Vorbild „List of Hieroglyphic Signs" von Alan Gardiner konzipiert wurde.
[54] Fairservis 1992, 180-185.
[55] Fairservis 1992, 70f, 163/ F-11, 179/ N-2. Bezeichnend ist auch die Deutung des Fischzeichens von Fairservis, es soll sich um einen "Knoten" handeln (1992, 58, s. auch 55).

[56] Fairservis 1992, 68.

[57] Fairservis 1992, 60; s. auch Possehl, 1996, 154f.
[58] Fairservis 1992, 160/E-2 u. E-3.
[59] Fairservis 1992, 232.
[60] Fairservis 1992, 60.
[61] Fairservia 1992, 234.

tember, and rabi-paṭuner(l), from October to May. The days and months were probably recorded on abacus type of mechanism".[62]

Dass in dem Kalender die Striche ab 8 nicht erscheinen, sei ein Beleg dafür, dass der Sachverhalt mit einem oktalen Zahlensystem zu tun hatte. Fairservis postulierte dann, dass sechs weitere Zeichen für die Zeit von Juni (beginnend mit dem Monsun) bis November mit den Monatszeichen vorhanden sein mussten, um einen vollständigen Induskalender darzustellen.[63] Er erkannte folgende vier Zeichen als die Zahlzeichen für 8, 9, 10 und 11:[64]

(8) (9) (10) (8 + 3 = 11)

A   B   C   D

Es erhebt sich die Frage, wie Fairservis auf diese Zahlzeichen gekommen ist. Er gab für das Zeichen 8 folgende Erklärung: „The number 8: eṭṭu-eṇ-eight (DED 670) (notes also eṇ means calculation, count, etc. (DED 678) allows us to speculate that there may have been an equivalency between the linked circles and the number 8."[65] Das Zeichen für 9 soll ein vierekiges Gewicht darstellen: "The number 9 must equate to something like toḷ or toṇ which, according to Zveiebil, was the old morpheme. This sign may represent a square weight, an object found frequently in the excavation of Harappan sites."[66] Das Zeichen für 10 stelle eine Egge dar, ein landwirtschaftliches Gerät mit zahlreichen Zinken: „The terms for harrow, and is cognate, tooth, have the root pal (DED 3288), which is homophonic to words meaning many (DED 3288). Zvelebil has pointed out that if *pat(V) or *pan(C) may connect with *pat or *pan, which are words for the number 10, the basis of the number would be a word for many (Zvelebil, 1977, p. 36). It would seem that the Harappan sign provides this connection."[67] Die Zeichen A, B, C sind also Zahlwörter, dagegen wird das Zahlzeichen D für 11 mit einem additiven Verfahren gewonnen - in dem Zeichen 8 (A) befinden sich 3 Striche, und Fairservis las es 8 + 3 = 11.[68]

In seiner Würdigung hob Possehl hervor: "These two observations, the calendar and base eight counting system are among the most convincing and thought-provoking of Fairservis' observations on the Harappan script. They are just the kinds of things that need follow-up and independent confirmation, to give validity to the undertaking of decipherment."[69] Was das oktale Zahlensystem der Induskultur anbelangt, hält der Verfasser der vorliegenden Arbeit es für problematisch, davon wird unten noch die Rede sein.

In seiner 1996 veröffentlichten Monographie lehnt Bidare V. Subbarayappa die Deutung der „Indusschrift" als die Schrift einer gesprochenen Sprache völlig ab. Er macht zunächst auf Ansichten mancher Forscher aufmerksam, dass mit großer Wahrscheinlichkeit die vedischen Inder in der Zeit 2500-1400 v. Chr. mit den Trägern der Induskultur in Berührung gekommen seien. In diesem Fall wäre die Frage berechtigt, warum die vedischen Dichter die Tradition des Schreibens der Induskultur nicht übernommen hatten. Subbarayappa hebt dann hervor:

---

[62] Fairservia 1992, 133f.
[63] Fairservia 1992, 234.
[64] Fairservia 1992, 61-65.
[65] Fairservis 1992, 62, Abk. DED: Dravidian Etymological Dictionary.
[66] Fairservis 1992, 62f.
[67] Fairservis 1992, 64.
[68] Fairservis 1992, 65.
[69] Possehl 1996, 155.

"The most crucial question, however, is: If the Harappans had fostered a writing tradition for their language, how was it that they did not leave behind sufficiently long texts on clay or any other material like those which have shown up large numbers in the Mesopotamian civilization with which the Harappans had established contacts?"[70]

Es sei eher anzunehmen, dass die Träger der Induskultur eine Tradition der oralen Sprache vorgezogen hätten, um ihr Wissen nachfolgenden Generationen weiterzugeben, sowie später auch die vedischen Dichter. Der Leitgedanke der Arbeit von Subbarayappa lautet nun: „Since none of the linguistic attempts made so far for deciphering the Indus script has met with success, it is desirable - indeed necessary - to understand the Indus script from a different standpoint, namely, that the entire Indus script represents numbers."[71] Ein weiteres Defizit erkennt Subbarayappa darin, dass die Forscher dem Gesichtspunkt, nämlich der Beziehung zwischen den Tierdarstellungen und der Inschrift auf den Objekten bisher wenig Beachtung geschenkt haben. Wie im Vorwort der Arbeit angekündigt wird, verfolgt Subbarayappa deshalb zwei Hypothesen: "This monograph attempts to examine the Indus seals, sealings and other inscribed objects with a two-in-one hypothesis, namely, that (i) the script forms are numerals, additive-multiplicative, on what the historians of mathematics call the ciphered system; and (ii) the majority of the seals which have one animal motif, generally with an object-structure in front, are in the nature of account-tables denoting agricultural production and utilization.[72] Schließlich wird die Vermutung gehegt, dass die vedischen *ṛṣis* Nachkommen der Priesterklasse der Induskultur sein könnten.[73]

Subbarayappa hat seine Vorstellung des Zahlensystems der Induskultur ausführlich dargelegt.[74] Das Gestaltungsprinzip lässt sich mit wenigen Worten beschreiben: Das Zahlensystem der Induskultur ist dezimal, und die Zahlzeichen werden Ziffern (cipher) genannt. Die Ziffern eins bis eintausend haben jeweils ein eigenes Zeichen, meistens von ihnen aber mehr als eine Variante.[75] Die Vier wird z. B. mit vier Strichen oder mit einem Viereck oder mit einem X gezeichnet.[76] Die Zehn hat sogar zwölf Varianten, u. a. auch einen Strich.[77] Die Zahlen können auch additiv gebildet werden, so besteht die Zwanzig aus dem U-Zeichen (bzw. dem O-Zeichen als Variante), ein senkrechter Strich darin heißt 21, zwei Striche darin 22 usw.[78] Ein T-Zeichen mit acht Strichen darauf ergibt die Zahl 10 + 8 = 18.[79] Wenn sich zwei Zahlzeichen miteinander berühren, dann deutet diese Wiedergabe auf eine multiplikative Verwendung hin, z. B. zwei O-Zeichen ineinander kettenförmig angelegt, heißt 20 x 20 = 400.[80] Das Zeichen von Tausend ist ein stehender Mann, hält er ein T-Zeichen mit fünf Strichen darauf, dann ist dies als (10 + 5) x 1000 = 15000 zu verstehen.[81] Was den Zweck der Verwendung der Zahlen anbelangt, heißt es: „The early inscriptions…were intended to maintain an account of the quantities of grains and others used for edible purposes on the one hand and, of cotton, on

---

[70] Subbarayappa 1996, 38.
[71] Subbarayappa 1996, 36.
[72] Subbarayappa 1996, X.
[73] Subbarayappa 1996, 91ff.
[74] Subbarayappa 1996, 43-62.
[75] Subbarayappa 1996, 51-62.
[76] Subbarayappa 1996, 51.
[77] Subbarayappa 1996, 46.
[78] Subbarayappa 1996, 58f.
[79] Subbarayappa 1996, 57.
[80] Subbarayappa 1996, 59.
[81] Subbarayappa 1996, 60.

the other, which were actually made available for use by people under centralized dispensation."[82]

Nun geht Subbarayappa der Frage der Funktion der Tierdarstellungen und der anderen Motive auf den Objekten nach.[83] Dabei macht er auf den Gegenstand aufmerksam, der sich oft unter dem Kopf eines Tieres befindet und aus zwei Teilen besteht: der obere Teil zylinderartig und der untere Teil in der Gestalt einer Halbkugel. Der Zylinder weist unterschiedliche Verzierungen auf, darin sind Darstellungen aus zwei, vier, sechs Reihen von Linien bzw. Punkten, aber auch Gebüsche und zickzackförmige Striche zu erkennen.[84] Die Reihen von Linien beziehen sich nach Subbarayappa auf die Ähren von Gerste, zickzackförmige Striche auf Ähren von Weizen und Gebüsche auf Baumwolle. Ebenso haben Tiere jeweils einen Bezug auf pflanzliche Produkte. Zum Beispiel bezieht sich das Motiv „ein Hase auf einer Kupferplatte" auf die Produktion von Baumwolle.[85]

1997 erschien ein zweiteiliger Artikel über die Indusschrift von dem Mathematiker Paramaraj Jeganathan, der sich zuvor besonders mit den Problemen der Statistik befasste.[86] Die Eigentümlichkeit seiner Arbeit besteht darin, dass er zunächst ein statistisches Konzept einer allgemeinen Theorie entwickelt, um Erkenntnisse aus einer größeren Anzahl von unbekannten Elementen zu gewinnen. Die Veröffentlichung über die Indusschrift soll eine praktische Anwendung seiner Theorie sein.[87] Jeganathan erhielt die Anregung seiner Überlegungen von dem Mathematiker/Statistiker Lucian Le Cam und dem Linguisten/Begründer des Strukturalismus Ferdinand de Saussure.[88] Außerdem hat er sein Konzept in loser Anlehnung an "stochastic grammatical inference" erarbeitet.[89] Kenntnisse der Arbeit von Le Cam, von de Saussure und von den Grundgedanken der "stochastic" erleichtern zwar die Lektüre der Arbeit von Jeganathan, zum Verständnis seiner Überlegungen sind sie jedoch nicht unbedingt erforderlich.

Die Strukturanalyse der Induszeichen macht Jeganathan zur Basis seiner Untersuchung. Ein weiterer Sachverhalt, den er auch im Auge hat, sind die phonetischen Werte der Induszahlen. Man findet den Zugang zu seinen Gedanken am besten, wenn man möglichst ihm selbst bei den entscheidenden Punkten seiner Ausführungen zu Wort kommen lässt. So beschreibt er seine Methode: „A step by step, logically rigorous procedure (a sort of stochastic 'grammatical' inference) is employed to study the structure and the possible contents of the texts, based on the data provided by about three thousand texts. The paper presents overwhelming interlocking evidences that the writing on the seals and related objects represents an internally consistent system, possibly to 'price' various goods and services in terms of the amount of a common currency, possibly a grain. (This does not mean that grain measures were always consciously perceived whenever that texts were used). Related forms of such a system of me-

---

[82] Subbarayappa 1996, 67
[83] Subbarayappa 1996, 65-85.
[84] Subbarayappa 1996, 71.
[85] Subbarayappa 1996, 69. Im Begleitwort der Arbeit von Subbarayappa würdigte Balkrishna Thapar den Autor, indem er hervorhob: „It is hoped that the readers will find the monograph thought-provoking. The author deserves our praise for bringing into focus another line of investigation for deciphering the so far mute Indus script (S. ix)." s. hierzu auch hier Fußnote 120.
[86] Jeganathan 1995; Le Cam/Yang 2000, 270.
[87] Jeganathan 1997c, 3, Fußnote 2.
[88] Jeganathan 1997a, 83, 97f, 119.
[89] Jeganathan 1997a, 75.

trology are probably the ones that were in use until recent past in India."[90] Er geht davon aus, dass in der Induskultur das Tauschverfahren (barter system) beim Handel üblich war.[91]

Zu der Frage, wie er in der Praxis vorzugehen denkt, hebt Jeganathan hervor: "Our aim in this section is to classify the sign into several groups, based on the construction pattern of the texts, without assuming any linguistic nature, such that the signs within each group have certain common characteristics. This will lead to a description of the construction pattern and the interacting relationships between the signs."[92] In seinem umfangreichen Artikel führt Jeganathan nach und nach eine Reihe von Terminologien ein. Eine vollständige Darstellung seiner Überlegungen kann hier nicht vorgenommen werden, da dies den Rahmen der vorliegenden Arbeit sprengen würde. Im Folgenden soll besonders von Ausführungen der Abschnitte die Rede sein, in denen das Wesentliche des Zahlensystems der Induskultur zur Sprache kommt. Die statistische Untersuchung zeige, dass gewisse Kombinationen der Zeichen zusammen wiedergegeben werden, die als „principal blocks" bezeichnet werden können.[93] Unter Berücksichtigung der „principal blocks" unterscheidet Jeganathan zwischen vier Klassen von Zahlzeichen: Es handelt sich um 1. straight numerals, 2. first order numerals, 3. second order numerals und 4. metrical numerals.

Die Striche sind Zahlzeichen und bilden die „straight numerals", die auch als "numeral modifiers" bezeichnet werden. Dabei wird zwischen langen und kurzen Strichen kein Unterschied gemacht, auch eine im Zickzack dargestellte Gruppe der Striche zählt zu dieser Klasse. Die Anzahl der Striche entspricht dem Wert des Zahlzeichens. Wenn zwei "straight numerals" paarweise erscheinen, dann sind sie zu multiplizieren.[94] Die Klasse der "first oder numerals", die auch als "linear modifiers" bezeichnet wird, steht für die Zahlen von vier bis zehn. Einige haben davon mehr als ein Zeichen. Anders als die Zahlzeichen der „stright numerals" handelt es sich bei diesen um die Zahlwörter. Ein Zahlwort müsste auch einen phonetischen Wert gehabt haben. Es sei jedoch schwierig, diesen zu erkennen, da eine verwandte Sprache nicht bekannt sei. Gehe man aber davon aus - wie von manchen Forschern vertreten wird - dass die Indussprache mit den dravidischen Sprachen verwandt sei, dann biete sich eine Quelle zur Lösung des phonetischen Problems an.

Nun macht Jeganathan von dem Wörterbuch von Burrow/Emennau Gebrauch (Dravidian Etymological Dictionary, Abk: DED). Darin findet sich z. B. unter dem Zahlwort „vier" folgende Eintragung: „nāl or nālu. Has the meaning several or everyhing." Jeganathan kommt zu dem Schluss: „…from the several variants of the signs Y and Y given in Mahadevan (1977, p. 785), it is clear that both stand for grain, which has the word value nel or nellu (DED, 3112), the sound value of which approximates that of four given above. Hence, let us indentify both of these linear modifiers with four."[95] Was die Verwendung dieser Klasse anbelangt, heißt es: Wenn „first oder numerals" und „straight numerals" paarweise erscheinen, dann geht es um die Multiplikation, bei einer Kombination zwischen zwei "first oder numerals" um die Addition, das Ergebnis ist in diesem Fall „first oder numeral".[96]

---

[90] Jeganathan 1997a, 75.
[91] Jeganathan 1997a, 103.
[92] Jeganathan 1997a, 85.
[93] Jeganathan 1997a, 87.
[94] Jeganathan 1997a, 75.
[95] Jeganathan 1997a, 99.
[96] Jeganathan 1997a, 75.

Für die Klasse der "second order numerals" legt Jeganathan 14 graphische Darstellungen vor. Da die Zeichen der "second order numerals" oft als „principal blocks" mit anderen Zahlzeichen erscheinen, geht Jeganathan davon aus, dass es sich bei den Darstellungen dieser Klasse ebenfalls um die Zahlwörter handelt.[97] Es wird dargelegt, wie von dieser Klasse Gebrauch gemacht wurde: Wenn die "second order numerals" mit anderen Zahlzeichen - hauptsächlich mit den „straight numerals - erscheinen, dann sind sie zu multiplizieren.[98] Die „metrical numerals" sind Ligaturen, die aus zwei getrennten Elementen „root" und „modifier" bestehen. Die „roots", die entweder geometrische Zeichen, oder Darstellungen von Lebewesen sein können, sind Maßeinheiten.[99] Sie können mit einer Wiederholung erweitert werden („extended roots"). Die „modifiers" sind die Zahlzeichen ("numeral modifiers" und "linear modifiers"). Ursprünglich sollen „root" und „modifier" getrennt verwendet und später zusammengeschrieben worden sein.

Im zweiten Teil seiner Arbeit fährt Jeganathan mit seinen Überlegungen fort.[100] Darin bemüht er sich zu zeigen, wie die späteren Schriften Indiens aus der Indusschrift entstanden sein könnten. Auf diesen Teil soll hier weiter nicht eingegangen werden, da er zum Zahlensystem der Induskultur nichts wesentlich Neues beiträgt.

Schlussfolgerung
Auch wenn die Vorstellungen der Verfasser über die Zahlen in der Induskultur voneinander abweichen, gibt es doch einen Konsens in einer Frage: sie gehen alle davon aus, dass in den Zeichen der Induskultur die Zahlzeichen enthalten sind. Dies gilt auch für solche Verfasser, die die Induszeichen nicht als eine Schrift einer gesprochen Sprache, sondern als Symbole zu erkennen glauben (Farmer *et al* 2004, 40, 42, Fig.11). Wenn in der Indusschrift die Zahlzeichen vorhanden sein sollten, dann ist zu erwarten, dass darin auch ein Zahlensystem verwendet wird. Nur gehen die Meinungen darüber auseinander, ob das Zahlensystem sexagesimal, dezimal, duodezimal, oktal sein soll. In der künftigen Forschung wird es darauf ankommen, ob dieses Problem gelöst werden kann. Gelingt es, die Frage zu klären, dann öffnet sich vielleicht ein Fenster zum Verständnis der Indusschrift überhaupt.

Es gibt einen wesentlichen Unterschied zwischen der Entzifferung einer unbekannten Schrift und der eines ebenfalls unbekannten Zahlensystems. Denn anders als bei Schriften sind der logischen Gestaltung eines Zahlensystems Grenzen gesetzt. Es ist deshalb weiter nicht verwunderlich, dass der Verfasser der vorliegenden Arbeit bei der Lektüre der oben genannten Veröffentlichungen den Eindruck gewinnt, dass darin durchaus einige aufschlussreiche Gesichtspunkte enthalten sind. Unbefriedigend bleibt aber nur der Sachverhalt, dass keiner der bisherigen Vorschläge zur Lösung des Problems einen in sich schlüssigen Ansatz bietet, an dem die Forschungsarbeit weitergeführt werden kann. Die jüngsten Publikationen von Bryan K. Wells, von denen im nächsten Abschnitt die Rede sein wird, machen in dieser Hinsicht eine Ausnahme. Er ist der einzige Forscher, der auf die Möglichkeit des Zahlensystems der Induskultur mit dem Stellenwert (positional numerals) aufmerksam gemacht hat. Die Überlegungen des Verfassers der vorliegenden Arbeit stützen sich auf die Befunde der Untersuchungen über die Induszahlen von Wells. Die Auffassung von Wells jedoch, dass sich die Induszahlen auf ein Stellenwertsystem beziehen, ist nicht unproblematisch, wie noch zu erkennen sein wird.

---

[97] Jeganathan 1997a, 110ff.
[98] Jeganathan 1997a, 75f.
[99] Jeganathan 1997a, 103.
[100] Jeganathan 1997b.

INDUSZAHLEN NACH WELLS

2011 ist die Dissertation von Bryan K. Wells „Epigraphic Approaches to Indus Writing" erschienen, der 2015 eine weitere Publikation mit dem Titel „The Archaeology and Epigraphy of Indus Writing" folgte. Wells hat unter Beteiligung von Andreas Fuls ein Programm zur Erforschung der Indusschrift entworfen.[101] Er systematisiert das Material mithilfe des Computers und stellt eine Liste der Induszeichen auf. Dabei wurden 3903 Artefakte mit Inschriften berücksichtigt, 4794 Texte konnten bestimmt werden. Im Korpus befinden sich 17650 erkennbare Induszeichen. Detaillierte Untersuchungen führten zum Ergebnis, dass darin 694 Zeichen vorkommen.[102] Wells unterscheidet zwischen den geformten (patterned) und den komplexen Texten. Die geformten Texte bestehen aus drei Gruppen (cluster) - Terminal, Medial und Initial: „When we have clear texts of any kind, we can analyze them with structural analysis and segmentation routines to define sub-elements. The most common structure is three-part with initial, medial and terminal sign cluster. These are most likely subject-object-verb elements, not necessarily in that order. What we do know is that, in their fullest from these subunits consist of 1-5 signs, but on average about 3 signs per cluster."[103] Zu den komplexen Texten heißt es weiter: "Complex texts do not follow the method of sign cluster sequencing described in the sections above. Some of these texts do contain one element of Patterned Texts, but often in a different order and always with sign sequences that cannot be easily segmented into separate syntactic elements."[104]

Was die Ergebnisse seiner Untersuchungen anbelangt, fasst sie Wells im Vorwort seiner 2011 erschienenen Arbeit in sieben Punkten zusammen, die er in nachfolgenden Kapiteln weiter erörtert:[105]

1. Die Indusschrift entstand am Ort und wurde von Markierungen auf Tonscherben/Keramiken aus Baluchistan und nördlichen Pakistan beeinflusst.
2. Die Indusschrift ist logosilbig, d. h. die Schrift verwendet beide Wortzeichen und Wortbildungszeichen. Auf der Basis des Zusammenhanges der Zeichen ist es möglich, einige Zeichen entweder als Logographen, oder als Silben zu identifizieren.
3. Um die Zeichen in längeren Reihen zu kombinieren, werden in der Indusschrift Präfix, Infix und Suffix verwendet.
4. Die Reihenfolgen der Zeichen und die Zeichengruppen sind relativ beständig. Dieses Charakteristikum deutet auf die Syntax der Indussprache hin.
5. Die Art der Textbildung schließt die dravidischen Sprachen als der Ursprung der Indussprache aus. Proto- und Para-Munda-Sprachen als Ursprünge der Indussprache können weder ausgeschlossen, noch überprüft werden, folglich bleiben sie Kandidaten für weitere Forschung.
6. Das Indus-Zahlensystem ist kompliziert und verwendet drei grundlegende Systeme, ergänzt durch mehrere Sonderzeichen. Diese Systeme zählen von 1 bis 7 (kurze Striche), 2 bis 9 (gestapelte, kurze Striche) und 1 bis 6 (lange Striche). Größere Zahlen werden mit Reihen von Zahlzeichen gebildet.

---

[101] Wells bemerkt zu seinem Vorhaben (2011, 1): „...it was my intent from the beginning of this research to create an analytical computer program, Interactive Concordance of Indus Texts (ICIT). The data source for this analytical program is the Electronic Corpus of Indus Texts (ECIT)."
[102] Wells 2015, 18.
[103] Wells 2015, 53.
[104] Wells 2015 45.
[105] Wells 2011, X.

7. Bei dem derzeitigen Stand des Sachverhaltes dürfte es nicht möglich sein, die Indusschrift zu entziffern, jedoch ist die Situation derart, dass die Entdeckung eines Textes aus 50 oder mehr Zeichen eine Entzifferung möglich machen könnte.

Was hier den Punkt 5 anbelangt, revidiert Wells später seine Ansicht, und geht nun davon aus, dass die dravidische Sprache als der Ursprung der Indussprache nicht ausgeschlossen werden kann.[106] Bemerkenswert ist in diesem Zusammenhang ein Objekt mit Inschriften, gefunden in dem Ort Dholavira auf einer Insel in Rann von Kutch des indischen Bundesstaats Gujarat. Wells meint, dass darin der Ortsname erhalten sein könnte: "The closest thing to monumental inscription in the Indus corpus is the Dholavira sign board (Parpola 1994). The text consisted of nine signs formed by arranging pieces of crystalline stone inlayed into a wooden plank, with signs about 30 cm high. Discovered in a side chamber near one of the main entrances to Dholavira.… It has been suggested that it hung over the entranceway of the gate. I would postulate that some of these signs could be spelling the ancient name of Dholavira."[107] In seiner späteren Arbeit begründet Wells seine Auffassung, in der er seine Vorstellung von „den geformten Texten aus drei Gruppen" Gebrauch macht, und bringt den Befund aus Dholavira mit der dravidischen Sprache in Verbindung: "Assuming that this identification of the toponym and name are correct, this has implications for the root language of the script. This is the pattern you would expect for a Dravidian language."[108]

Nach Wells sind alle kurzen und langen Striche der Induskultur Zahlzeichen, manche von ihnen haben zugleich eine andere Funktion. Die langen Striche und die beiden kurzen Striche eins und zwei können polyvalent sein, d. h. ein und dasselbe Zeichen je nach dem Kontext unterschiedlichen Wert gehabt haben. Es wird in diesem Zusammenhang auf ähnliche Ver-

	1 Str.	2 Str.	3 Str.	4 Str.	5 Str.	6 Str.	7 Str.	8 Str.	9 Str.	10 Str.	12 Str.
1 Reihe, (kurze Str.)	|	||	|||	||||	|||||	||||||	|||||||				
2 Reihen (kurze Str.)		| |	|| |	|| ||	||| ||	||| |||	|||| |||	|||| ||||	||||| ||||	||||| |||||	
3 Reihen (kurze Str.)					/ / \ / |	| | | | | / /	| | | | | | |	| | | | | | | |	/ / / \ \ \ / / /		| | | | | | | | | | | | | | |
1 Reihe (lange Str.)	|	||	|||	||||	|||||	||||||	|||||||		|||||||||		

Tab. 1: Verteilung der kurzen und langen Striche (hier Abk. Str.) in den Zahlzeichen der Induskultur nach Wells (2015, 66, Fig. 5.1).

[106] Wells 2015, 97.
[107] Wells 2011, 113f.; 2015, 49-52; vgl. auch Kenoyer 1998, 53f.
[108] Wells 2015, 52.

wendung der Zahlen in anderen Kulturkreisen der Antike hingewiesen. Wells bemüht sich die Striche zu systematisieren, um ihre Eigentümlichkeiten erkennbar zu machen (**Tab. 1**). Dabei werden die kurzen Striche in drei Gruppen eingeteilt, in der ersten Gruppe die Striche 1 bis 7 nebeneinander in einer Reihe, in der zweiten Gruppe 2 bis 10 Striche gestaffelt übereinander in zwei Reihen und in der dritten Gruppe 5 bis 9 ebenfalls übereinander in drei Reihen. Die langen Striche sind von 1 bis 7 und 9 belegt, 8 ist bisher nicht bekannt geworden. Wells schließt nicht aus, dass sich die Striche auf zwei Systeme beziehen könnten. Außer den genannten Strichen kommen noch vier Zeichen als Zahlzeichen in Frage, die als Sonderzeichen bezeichnet werden. Es handelt sich um folgende:

$)$ (A) $\top$ (B) $\vdots\vdots$ (C) $\diagup$ (D)

Dass die Zeichen **B** und **C** Zahlzeichen sein könnten, ist zuvor vermutet worden. Das Zeichen **C** fällt unter die Gruppe 3 der kurzen Striche. Wells ist über die Bedeutung des Zeichens **D** als ein Zahlzeichen unschlüssig und lässt es in seiner späteren Publikation aus. Das Zeichen **A** ist ein wichtiges Zahlzeichen, sollte Wells mit seiner Deutung Recht haben, dann ist es ein bedeutsamer Schritt zum Verständnis des Induszahlensystems, wie unten noch zu erkennen sein wird. Trotz einiger Schwierigkeiten hält Wells ein dezimales Zahlsystem der Induskultur für wahrscheinlich, ohne ein oktales System völlig auszuschließen.[109] Außerdem vermutet er, dass die Zahlen im Zahlensystem Stellenwert (positional numerals) gehabt haben könnten.[110]

Eine Besonderheit seiner Forschungsarbeit ist sein Versuch, Zahlzeichen mit den Volumen der Töpfe in Verbindung zu bringen. Er macht zunächst darauf aufmerksam, dass auf einem Flachrelief aus Mohenjo-daro (M 478) einige Zeichen dargestellt werden[111]. Darunter finden sich ein V-Zeichen mit 4 kurzen Strichen und ein vor einem Baum sitzender Mensch, der ein V-Zeichen in der Hand hält (s. hier **Abb.7**, darin wird das Objekt statt V-Zeichen U-Zeichen genannt). Wells geht davon aus, dass es sich bei diesem Zeichen um einen Topf handelt und bemüht sich zu erkennen, ob zwischen den Strichen und den Volumen des Topfes eine Relation besteht.[112] In den 20er/30er Jahren hatte Madho S. Vats in Harappa ausgegraben, er fand 3 Tontöpfe, an einem davon wurden 1 V-Zeichen und 2 lange Striche (H 372) angebracht.[113] Die anderen beiden Töpfe weisen jeweils nur lange Striche auf, also ohne V-Zeichen. Dabei lassen sich an einem Topf 7 Striche (H 370) und an dem andren nach Wells 6 Striche (H 371) erkennen.[114]

Um seine Fragestellung betreffend der Beziehung zwischen Zahlzeichen und V-Zeichen zu klären, macht Wells diese Töpfe zum Gegenstand seiner Betrachtung. Hierzu kommt

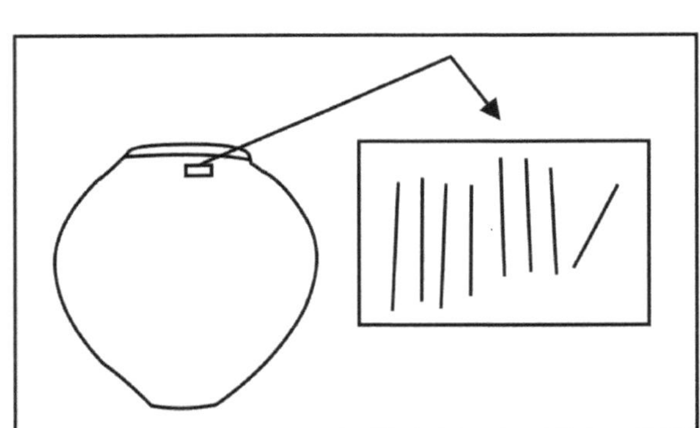

Abb. 1: Tontopf, darauf 7 senkrechte Striche und 1 schräger Strich, Harappa (CISI-1, 234, H-371).

---

[109] Wells 2011, 144.
[110] Wells 2011, 126; 2015, 74f.
[111] Wells 2015, 56.
[112] Wells 2015, 55-65.
[113] Vats 1940, II, plate 23A.
[114] Diese Gefäße befinden sich heute im Magazin von Purana Qila in New Delhi (Wells 2015, 59).

noch ein Topf aus Kalibagan (K 90), dieser hat 2 Striche in einer oberen Reihe und 3 weitere Zeichen in der unteren Reihe, darunter auch ein V-Zeichen. Damit erhält Wells folgende Zeichen: V2, V6 und V7 und deutet V als ein Einheitenzeichen einer Basiseinheit vom Volumen. Er ermittelt dann rechnerisch die Volumen der Töpfe unter Berücksichtigung, dass sie rund oder oval sein können, und gelangte zu dem Ergebnis, dass zwischen den Strichen und dem V-Zeichen eine Beziehung besteht, d. h. die Zahlzeichen sich auf das jeweilige Volumen beziehen. Umgerechnet in Liter ergibt sich 40,4 Liter für das Zeichen V1. Wells glaubt, dass dieser Befund in der Beschaffenheit des Gefäßes aus Kalibagan (K 90), dessen Volum er ebenfalls rechnerisch ermittelte, eine Bestätigung findet.

Die Auffassungen bleiben jedoch nicht unproblematisch: Wells, der die 3 Töpfe an Ort und Stelle in Augenschein genommen hatte, glaubt 6 Striche an dem Topf H 371 zu erkennen. Dagegen finden sich auf der fotographischen Wiedergabe in CISI (Joshi/Parpola 1987, 234) 7 bzw. 8 Striche, wenn der schräge Strich auch mitberücksichtigt wird (s. hier **Abb. 1**).

ZAHLENSYSTEM DER INDUSKULTUR

Die Vorstellung der Zahlen ist ein Elementargedanke im Sinne des Ethnologen Adolf Bastians.[115] Im Laufe der Geschichte der Menschheit haben die Völker unterschiedliche Verfahren entwickelt, Zahlen sprachlich und schriftlich auszudrücken.[116] So können die Zahlen mit den Grundwörtern, den Kardinalzahlen zum Ausdruck gebracht werden, wie in der deutschen Sprache eins, zwei, drei… Manche Völker benutzen Alphabete, wie z. B. die griechischen Ziffern: α (1), β (2), γ (3)…, andere die Zahlwörter, wie die indischen Astronomen.[117] Die Zahlen werden auch mit graphischen Zeichen wiedergegeben, z. B. in Altägypten:

$$\bigwedge \quad (10) \qquad \rho \quad (100) \qquad \text{(1000)}$$

Ebenso ist der Aufbau der Zahlensysteme unterschiedlich, es kann additiv aber auch subtraktiv sein, so wie die römischen Ziffern: VI = (5 + 1 = 6), IV = (5 − 1 = 4). Möglich sind auch die Zahlensysteme additiv, multiplikativ und multiplikativ-additiv, wie es bei den altindischen Brāhmī-Zahlen aus Nānāghāṭ der Fall ist.[118] Es kann sich auch um ein Stellenwertsystem handeln, wie das heutige Zahlensystem, in dem jede Ziffer einen absoluten und je nach der Stelle, wo sie sich befindet, einen relativen Wert hat. Es gibt zahlreiche Möglichkeiten, die Basis eines Zahlensystems zu bilden, so z. B. 2, 4, 8, 10, 12, 20, 60. Die Verwendung der Basis 10, 20 und 60 hat einen besonderen Platz in der Geschichte des Zahlensystems der Völker eingenommen.

Es ist vermutet worden, dass alle Zeichen der Induskultur Zahlzeichen sein könnten. Nach heutigem Stand der Forschung, weist die Indusschrift mehr als 400 Zeichen auf.[119] Es ist sehr unwahrscheinlich, dass sie alle Zahlzeichen sein sollten.[120] Manche gehen davon aus, dass die

---

[115] Das Gupta 1990, 158-163.

[116] Bastian verwendete hierfür den Ausdruck „Völkergedanke", s. Das Gupta 1990, 152f.

[117] Das Gupta, 2013, 11-17.

[118] Das Gupta 2013, Tab. 6a,b; Brāhmī-Zahlzeichen s. Gokhale 1966.

[119] Nach Parpola ca. 400, nach Mahadevan 417, nach Wells 694.

[120] Die Arbeit von Subbarayappa ist in Misskredit geraten, Chrisomalis bezeichnet sie als „dubious interpretations of Indus numeration" (2010, 330). In Überlegungen von Subbarayappa sind durchaus einige brauchbare Anregungen enthalten (s. hier unten). Der grundlegende Fehler beim Vorgehen von Subbarayappa liegt darin, dass er sämtliche Zeichen als Zahlzeichen betrachtet, und damit sieht er sich genötigt, für jedes Zeichen ein Zahlzeichen zu finden (s. Rückblick).

langen Striche älter als die kurzen Striche waren, sie bildeten ursprünglich jeweils ein eigenes System und später fügten sie sich zusammen. Es ist durchaus möglich sogar wahrscheinlich, dass dem Zahlensystem der Induskultur ein älteres System vorausgegangen war, es dürfte aber weder oktal, noch dezimal gewesen sein (s. unten „Zahlzeichen 10 und 12"). Eine Reihe von Verfassern, die die Verwandtschaft zwischen der Indussprache und den dravidischen Sprachen zu erkennen glauben, schließt nicht aus, dass das Induszahlensystem oktal gewesen sein könnte. Die Anregung zu dieser Auffassung ging von einer Bemerkung aus, die der Dravidologe Kamil V. Zvelebil in seiner morphologischen Untersuchung der darvidischen Sprachen machte. Darin äußerte er die Ansicht: „A decimal system seems to be established for Dr. However, a few etymological speculations, if accepted, might reveal a more ancient numerical system - an octogenal system which had been probably in vogue before the Dravidians accepted the decimal system. If *DED* 670 *eṭṭu~*eṇ 'eight' and *DED* 678 eṇ 'number, calculation' can be connected, then 'eight' could have been regarded as the 'number' par excellence... From the semantic point of view - as a result of these etymological speculations - the Dr. numerical system would then be as follows: 'one, two, three, four, five, six, seven, number; deficient many (or many minus one); many'."[121]

Es geht um eine morphologische Betrachtung der Kardinalzahlen. Nach Zvelebil wurden also in dem ursprünglichen Zahlensystem das Wort „Zahl" für 8 und das Wort „viel" für 10 verwendet. Für 9 soll es kein eigenes Wort gegeben haben, 9 sei mit einem subtraktiven Verfahren ausgedrückt worden, nämlich „eins weniger von Zehn" (10 – 1 = 9). Zvelebil sagt aber nicht, wie ein solches System sonst ausgesehen haben könnte. Es lassen sich nun drei Möglichkeiten hierfür erdenken:

1. 9 ist „eins weniger von viel" (10 – 1 = 9), weiter könnten heißen: 11 „viel und eins" (10 + 1 = 11), 12 „viel und zwei" (10 + 2 = 12)... usw. In diesem Fall handelt es sich um ein Zahlensystem auf der Basis 10.
2. Das Zahlensystem ist oktal, und 8 hat ein eigenes Zeichen dafür, also „Acht und zwei" (8 + 2 = 10), „Acht und drei" (8 + 3 = 11), „Acht und vier" (8 + 4 = 12), ... usw." In diesem System müsste 9 lauten „Acht und eins" (8 + 1 = 9), aber nicht „eins weniger von viel" (10 – 1 = 9). Denn die Bezeichnung „eins weniger von zehn" kommt nur im dezimalen System vor, wie auch in den von Zvelebil selbst angegebenen Belegen zu erkennen und ihm offensichtlich entgangen ist.[122]
3. Möglich wäre aber auch, dass für 11 ein eigenes Wort vorhanden war und es auch eigene Wörter für 1 bis 7 und für 9 gab, so wie „Zahl" für 8 und „viel" für 10. Es handelte sich in diesem Fall um ein Zahlensystem aus Zahlwörtern.

Fairservis hat aus den von Zvelebil dargelegten Auslegungen ein gemischtes System aufgebaut. So sind die Zeichen für 8, 9 und 10 Zahlwörter, dagegen wird das Zahlzeichen für 11 mit einem additiven Verfahren gewonnen (8 + 3 = 11), da sich 3 kurze Striche in dem Zeichen für 8 befinden (s. Rückblick). Es ist sehr fraglich, ob eines dieser Systeme auf das Zahlensystem der Induskultur übertragen werden kann. Schließlich bezeichneten sowohl Zvelebil, als auch Fairservis selbst ihre Überlegungen letztlich als „spekulativ". Ein oktales Zahlensystem der Induskultur kann aufgrund ihrer Erklärungen allein noch nicht als erwiesen gelten. Der Sachverhalt, dass das Zahlzeichen für 9 an einigen Stellen nicht erscheint, an denen es zu erwarten gewesen wäre (s. hier unten), bezeugt keineswegs ein oktales System, es könnten andere Gründe hierfür gegeben haben, wie sie auch gewesen sein mögen.

---

[121] Zvelebil 1977, 36 (Abk. Dr.: Dravidian, DED: Dravidian etymological dictionary).
[122] Zvelebil 1977, 35f.

Um das Zahlensystem der Induskultur zu erkennen, ist vor allem zu klären, welche Zeichen für das System in Frage kommen können. Wie oben dargelegt, hat sich Wells mit dieser Frage befasst und einen Vorschlag unterbreitet. Er ist jedoch nicht sicher, ob alle Striche zu einem Zahlensystem gehören.[123] In der Darstellung der Zahlzeichen mit Strichen kommt es darauf an, ob an der Anzahl der Striche der entsprechende Wert erkannt werden kann. Die Platzierung der Striche kann von dem vorhandenen Platz abhängig sein, vielleicht haben dabei die Ästhetik und aber auch subjektive Entscheidung des jeweiligen Schreibers/Zeichners eine Rolle gespielt. Der Gedanke ist durchaus nicht abwegig, dass sämtliche Striche 1 bis 10 zu ein und demselben Zahlensystem gehören und unterschiedliche Wiedergaben lediglich Varianten sein sollen. Man kann deshalb versuchen zu erkennen, ob die von Wells vorgeschlagenen Zeichen, die für die Zahlzeichen stehen sollen, ein Zahlensystem aufgebaut werden kann. Wie es bereits im Vorwort angekündigt, kann ein solches Unternehmen - angesichts der Schwierigkeiten, die Induszeichen zu verstehen - im Rahmen einer Hypothese geschehen.[124]

Für die Induskultur kommen zwei Zahlensysteme in Frage, ein dezimales System wie in Altägypten und ein sexagesimales System wie in Mesopotamien. Im sexagesimalen System besteht das Zeichen für 1 aus einem kurzen Keil/Strich und das Zeichen für 60 aus einem langen Keil/Strich. Dies würde dem Zahlensystem der Induskultur mit kurzen und langen Strichen durchaus entsprechen. Das System mit einer Basis 60 stößt jedoch an Grenzen, wenn damit die größeren Zahlen geschrieben werden sollen. So z. B. bei einer Zahl 59 mussten 59 Keile/Striche verwendet werden. In Mesopotamien umging man das Problem, indem man mit einem eigenen Zeichen von einer Sub-Basis 10 Gebrauch machte. So wurden 20 mit 2 Zeichen von 10, 30 mit 3 Zeichen von 10 usw. und 59 mit 5 Zeichen von 10 und mit 9 kurzen Strichen dargestellt. Damit bedarf es eines Zeichens für 10, sowohl für ein dezimales, als auch für ein sexagesimales System.

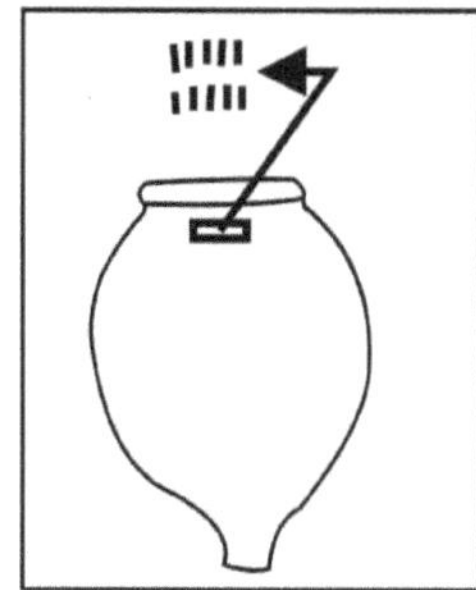

Abb. 2: Tontopf mit 10 kurzen Strichen, Harappa (CISI-3, 151, H-1088, Vats 1940, II, Nr. 21).

Im Vorschlag von Wells findet sich das Sonderzeichen), er nimmt an, dass es sich um ein Zeichen für 5 handelt.[125] Diese Auffassung ist nicht unproblematisch (s. unten), das Zeichen könnte eher für 10 stehen. Eine weitere Möglichkeit wäre das Zeichen ∩, das zusammen mit den kurzen Strichen auf einigen Objekten aus Kupfer, aber auch mit oder ohne kurze Striche auf Keramiken abgebildet, von Wells jedoch nicht als ein Zahlzeichen berücksichtigt wird. Fairsevis erkannte das Zeichen als ein besonders Zahlzeichen, das auf Objekten aus Metall angebracht war, äußerte sich jedoch über den Wert des Zeichens nicht. Ernest J. H. Mackay, Parpola und Knorozov haben es als ein Zeichen für 10 gedeutet. Mahadevan, der in den Induszahlen ein dezimales System zu erkennen glaubt, fasst dieses Zeichen ebenfalls als 10 auf.[126] So ließen sich) und ∩ als unterschiedliche Schreibweise d. h. die Varianten von 10 betrachten. Wells erkennt den langen Strich als 10, dieser könnte zu einer Sub-Basis eines sexagesimalen Systems gehören.[127] Schließlich sind einmal zehn kurze Striche auf einem Tontopf belegt (**Abb. 2**). Es sind also drei Varianten für 10: das Zeichen) auf Siegeln, das Zeichen ∩ auf Objekten aus Kupfer, auf Fragmenten von Keramiken und 10 Striche auf dem Tontopf. Damit ergeben sich folgende Alternativen für das Zahlensystem der Induskultur: ein sexagesimales System 60, 120, 180,

---

[123] Übersichtliche Gruppierung der Striche s. Wells 2015, 66, Fig. 5.1; s. auch hier **Tab. 1**.
[124] s. Fußnote 14.
[125] Auch hielt Kinnier-Wilson das Zeichen für 5 (1974, 7), Heras deutete es als „viertel" (1939, 453f.), nach Subbarayappa eine Variante von 10 (1996 46), nach ihnen hatte also das Zeichen mit einem Zahlzeichen zu tun.
[126] Mahadevan 1988, 627, s. hier Fußnote 146.
[127] Wells 2015, 57.

240, 300, 360, 420, 480, 540, 600, oder ein dezimales System 10, 100, 200, 300, 400, 500, 600, 700, 800, 900.

Sollte das Induszahlensystem sexagesimal gewesen sein, sowie es Ross und Kinnier-Wilson auch vermuteten, dann darf das Zeichen für 10 in diesem System nicht mehr als fünfmal nebeneinander stehen, denn bei dem sechsten Zeichen hat das System bereits die Rangschwelle erreicht. Dies ist jedoch nicht der Fall, so findet sich das Zeichen ⋂ auf einem Beil siebenmal (**Abb. 6b**). Das Zeichen) kommt zwar nicht mehr als fünfmal nebeneinander vor, und so könnte es auch eine Sub-Basis zu einem sexagesimalen System sein. Geht man aber davon aus, dass es sich um eine Variante von ⋂ handelt, dann steht das Zeichen auch nicht für ein sexagesimales System zur Verfügung. Da jedoch die Anzahl der langen Striche ebenfalls mehr als fünfmal nebeneinander belegt ist, kommt ein langer Strich hierfür auch nicht in Frage. Werden die übrigen Belege der Induskultur, von denen unten noch die Rede sein wird, in Betracht gezogen, dann spricht eher ein dezimales Zahlensystem für die Induskultur.

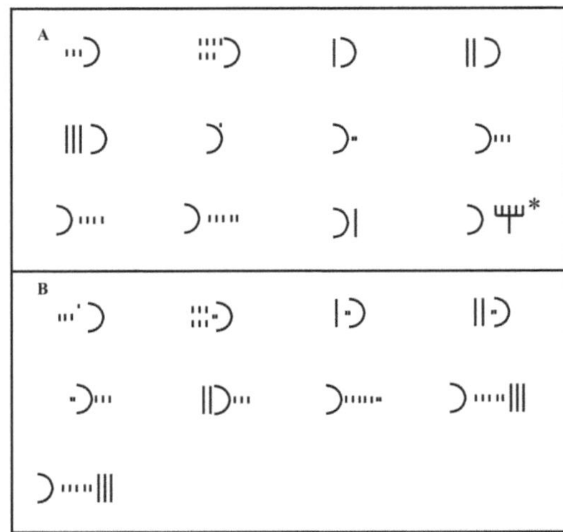

Tab. 2: Induszahlensystem mit dem Stellenwert nach dem Vorschlag von Wells (2011, 126; 2015, 75). Das Zeichen) soll 5, und die langen Striche sollen polyvalent sein, so kann ein langer Strich in einem dezimalen System den Wert 10, in Bezug auf Volumen den Wert 40,4 Liter haben. * Sonderzeichen, wird als 14 gezählt (2015, 57, 62). A. Zahlenkombination mit zwei Zahlzeichen, B. Zahlenkombination mit drei Zahlzeichen.

Es ist schließlich zu erwarten, dass ein langer Strich in einem dezimalen System auch eine Rangschwelle bildet, sonst ist nicht einzusehen, weshalb die Striche unterschiedlich abgebildet werden sollten. Nachdem die Möglichkeit des langen Striches als 10 ausgeschieden ist, liegt es nahe, dass es sich bei diesem um ein Zeichen für die Rangschwelle 100 handeln kann. Damit ergeben sich nach der hier präsentierten Hypothese folgende Zahlzeichen des dezimalen Zahlensystems der Induskultur:

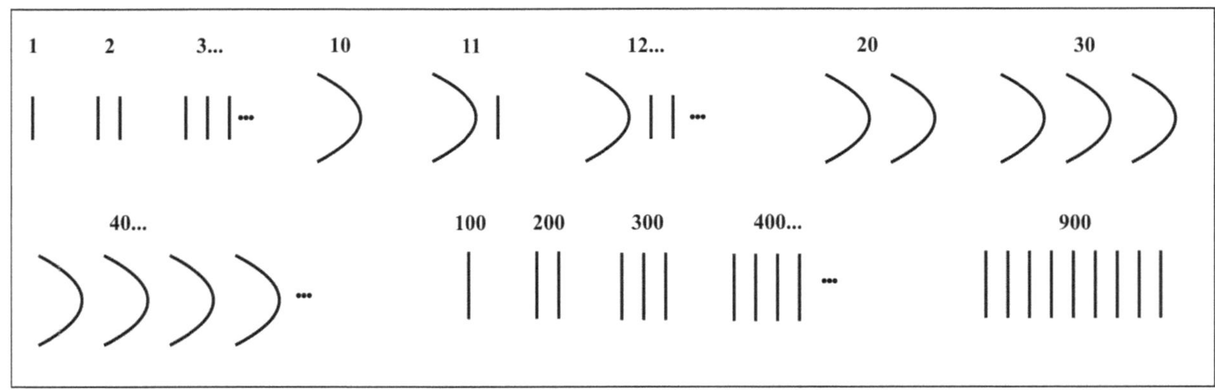

3 + 10 = 13	7 + 10 = 17	100 + 10 = 110	200 + 10 = 210
300 + 10 = 310	10 + 1 = 11	10 + 2 = 12	10 + 3 = 13
10 + 4 = 14	10 + 5 = 15	10 + 100 = 110	10 + 5000 = 5010 *
3 + 1 + 10 = 14	6 + 2 + 10 = 18	100 + 2 + 10 = 112	200 + 2 + 10 = 212
2 + 10 + 3 = 15	200 + 10 + 3 = 213	10 + 5 + 2 = 17	10 + 5 + 300 = 315
10 + 5 + 300 = 315			

Tab. 3: Induszahlen wie **Tab. 2**, hier jedoch mit einem additiven Zahlensystem. Zahlzeichen werden von links nach rechts gelesen (im additiven System spielt die Leserichtung keine Rolle). *Siehe hier S. 25f.

Anders als hier vorgeschlagen wird, zählt Wells das Sonderzeichen ❱ als 5, offensichtlich als eine Variante des Zeichens ⅠⅠⅠⅠⅠ. Er liefert eine Reihe von Zahlenkombinationen, die bezeugen sollen, dass für die Induszahlen ein Stellenwertsystem (positional numerals) verwendet worden sein könnte (s. hier **Tab. 2**). Unter seinen Belegen befindet sich die Zahlenkombination ❱ⅠⅠⅠⅠⅠ, und er geht davon aus, dass es keinen Sinn gibt, zwei unterschiedliche Zahlenzeichen von gleichem Wert nebeneinander in einem additiven Zahlensystem zu verwenden und versucht, daraus einen Stellenwertsystem zu konstruieren: „Notice the ❱ⅠⅠⅠⅠⅠ (i.e. 5+5) makes no sense unless the position of the numbers changes the numeral values (i.e. 5 + 5x10 = 55). As with Roman numerals, the sequencing may control whether the numeral is additive or subtractive."[128] Der letzte Satz bleibt in diesem Zusammenhang unklar.[129] Auf jeden Fall hält er es für möglich, wenn nicht sogar wahrscheinlich, dass das Zahlensystem der Induskultur ein Stellenwertsystem sein könnte. Nun gibt es eine Alternative zur Lösung dieses Problems, so

---

[128] Wells 2015, 75.
[129] Römisches Zahlensystem ist bekanntlich kein Stellenwertsystem, sondern ein Zeichenwertsystem.

könnte im Indus-Zahlensystem, ähnlich wie im Brāhmī-Zahlensystem aus Nānāghāṭ, doch von dem additiven System Gebrauch gemacht worden sein. Hier einige Beispiele von der additiven Verwendung im Brāhmī-Zahlensystem aus Nānāghāṭ:

ᴄ ꓛ **(10 + 2 = 12),**   ꓵ ⊕ ? **(100 + 80 + 9 = 189),**   ꓔ ꓵ ― **(1000 + 100 + 1 = 1101)**

Tab. 3 verdeutlicht, wie die von Wells vorgelegten Zahlen (hier **Tab. 2**) additiv gestaltet werden können. Wells gibt ferner folgende Kombination von Zeichen an, in der ein Stellenwertsystem der Zahlen vorhanden sein soll:[130]

Nach der Auslegung des Verfassers der vorliegenden Arbeit könnten die Zeichen so gelesen werden:

Schwierigkeiten bereitet freilich das Zeichen für 12. Aus oben Gesagtem lassen sich zwei Alternative zur Darstellung 12 erkennen, ⸬⸬ und)ıı. Die problematische Verwendung der 12 Striche wird unten noch zur Sprache kommen.

Das Dezimalsystem in der Indusschrift ist nicht ungewöhnlich - es ist sonst auch anderweitig belegt. So fand Mackay ein kleines Fragment einer Muschel (16,9 cm x 1,59 cm x 0,69 cm) aus Mohenjo-daro, auf dem einige Linien gezeichnet sind. Auf einer Linie wird ein Kreis um einen Punkt, und auf einer anderen nur ein Punkt angebracht (**Abb. 3**). Ausgehend von dem Kreis befindet sich der Punkt auf der fünften Linie. Mackay war der Auffassung, dass es sich um ein Lineal handelte, auf dem die Linien nach dem dezimalen System markiert waren: „Nine divisions still remain, but how many there were in the unbroken rule we cannot say. It is likely that they were a multiple of five, for the rod is divided up on a decimal system; groups of ten divisions were marked off by circles and were halved into sub-groups of five."[131] Sollte auf dem Objekt tatsächlich ein dezimales System angebracht gewesen sein, dann dürfte dabei eine Halbierung der Zahlen eine Rolle gespielt haben, worauf der auf der fünften Linie befindliche Punkt hindeuten würde.[132] Damit ist das Verfahren, eine Einheit zu halbieren bzw. zu verdoppeln, ein charakterliches Merkmal der Gestaltung des dezimalen Zahlensystems der Induskultur. Dies erklärt auch die binäre Verwendung der kleineren Gewichte der Induskultur.

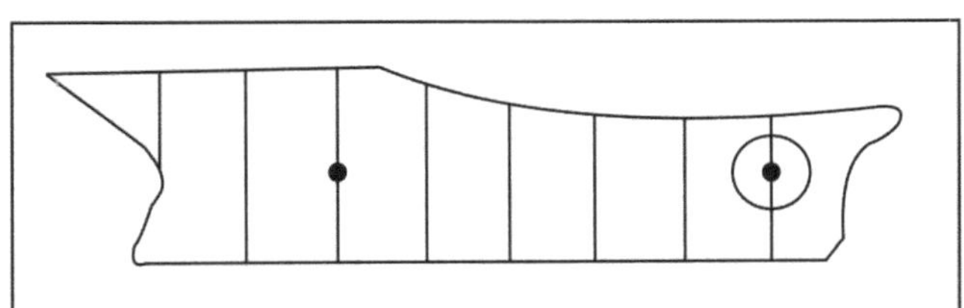

Abb. 3: Fragment einer Muschel (16,9 cm x 1,59 cm x 0,69 cm), auf einer Linie ein Kreis mit einem Punkt in der Mitte, an einer anderen Stelle ein Punkt. Ausgehend von dem Kreis befindet sich dieser auf der fünften Linie, Mohenjo-daro (CISI-3, 126, M-2117).

---

[130] Wells 2015, 76.
[131] Mackay 1976, 404f; Skinner, 1967, 12; Wheeler 1968, 83f; 6, 71f.
[132] Nach Rottländer ist nicht sicher, ob es sich bei dem Fund tatsächlich um ein Lineal handelte (1984, 202).

Wie bereits erwähnt, hatte A. S. Hemmy zahlreiche Gewichte eingehend untersucht, die bei Ausgrabungen aus Mohenjo-daro und Harappa zutage getreten sind, und kam zu dem Ergebnis, dass darin teils dezimale und teils binäre Zahlensysteme enthalten sind.[133] Später untersuchte Shikaripur R. Rao eine Reihe von Gewichten aus Lothal, dabei schienen die Beobachtungen von Hemmy bestätigt zu werden.[134] Jonathan M. Kenoyer fasst die Ergebnisse mit folgenden Worten zusammen: „The cubical stone weights... are based on a complex system of measurement that is calculated by both binary and decimal increments... The first seven Indus weights double in size from 1 : 2 : 4 : 8 : 16 : 32 : 64 , and the most common weight is the 16th ratio... At this point the weight increments change to a decimal system where the next largest weights have a ratio of 160, 200, 320, and 640. The next jump goes to 1600, 3200, 6400, 8000, and 12,800."[135] Bei Wells findet sich ein Grundriss eines Hauses aus Mohenjodaro, darin liegen einige Gewichte und Siegel nebeneinander.[136] Geht man davon aus, dass die Indus-Siegel wirtschaftliche Bedeutung hatten, dann ist es nicht nur möglich, sondern auch wahrscheinlich, dass zwischen den Gewichten und den Siegeln eine Beziehung bestand. Es ist zu erwarten, dass ähnlich wie bei den Gewichten, auch in den Siegeln größere Zahlen erhalten sind. Es erhebt sich die Frage, wie sie graphisch dargestellt werden konnten. Es ist in diesem Zusammenhang noch zu bemerken, dass in dem System 9 lange Striche d. h. nur bis 900 belegt sind, in einem dezimalen System müsste für 1000 auch ein Zeichen zu erwarten sein, so, wie es Mahadevan auch postulierte (s. Rückblick). Unter den vier Sonderzahlzeichen der Induskultur, die von Wells genannt werden, findet sich auch folgendes Zeichen:

Sollte Wells Recht haben, dass das Zeichen ein Zahlzeichen sein soll, dann ist es von besonderer Bedeutung. Es unterscheidet sich von anderen Zahlzeichen dadurch, dass es eine Kombination von Strichen darstellt, mit dem eine größere Zahl wiedergegeben worden sein kann. Hierfür kommt ein additives bzw. multiplikatives Verfahren in Frage. Es soll versucht werden, ob das Gestaltungprinzip dieses Zahlzeichens erfasst werden kann.

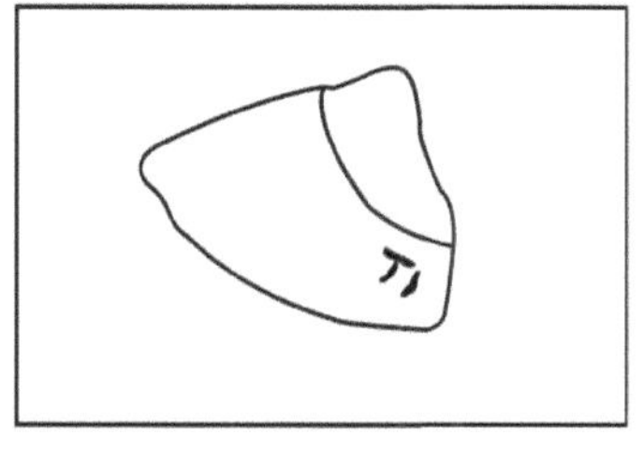

Abb. 4: Fragment eines Tontopfes, Rahmen-Dheri (nach Parpola „Early Harappan"), darauf Zahlzeichen für 1000 und 100 (CISI-2, 364, Rhd-129).

Nun ist es eine Sache, das Prinzip der Addition und der Multiplikation gedanklich nachzuvollziehen, es ist eine andere Sache, es dann auch graphisch wiederzugeben, sowie es „100 + 7 = 107 und 100 x 7 = 700" im heutigen Zahlensystem üblich ist. Die Schreiber der Induskultur verfügten sicherlich über eine eigene Vorstellung, wie die Zahlzeichen geschrieben werden sollten. Um an ihre Gedanken heranzukommen, empfiehlt es sich zunächst anzuschauen, welche theoretische Möglichkeit hierfür vorhanden sein könnte. Ein Hinweis, wie Zahlzeichen additiv und multiplikativ graphisch wiedergeben werden können, findet sich in der Darstellung des Brāhmī-Zahlensystems aus Nānāghāṭ. Darin werden die Zahlzeichen getrennt geschrieben, um sie zu addieren. Sie werden zusammengezeichnet, wenn sie multipliziert werden sollen, hier Beispiele:

---

[133] Hemmy 1931, 596; 1938, 606; s. auch Mainkar, 1984, 141f.
[134] Rau 1973, 122f.
[135] Kenoyer 1998, 98.
[136] Wells 2011, 88.

25

$(100 + 7 = 107)$ $(100 \times 7 = 700)$

Das Zeichen besteht aus zusammengesetzten Strichen, nämlich einem und 5 kurzen Strichen darauf, deren Anzahl auf anderen Darstellungen sonst variiert.[137] William M. F. Petrie sah darin ein Zeichen für 5 auf einer Standarte.[138] Damit meinte er das Zeichen als eine Standarte. Kinnier-Wilson zählte das Zeichen mit 4 Strichen darauf als 60 + 40 = 100 (s. Rückblick). Subbarayappa deutet als ein Zeichen für 10 und fasst die Kombination als additiv auf (s. Rückblick). Da sich in seinem Beispiel darauf 8 kleine Striche befinden, ergibt sich daraus 10 + 8 = 18. Wells liest es als 14, ohne jedoch seine Ansicht zu begründen.[139] Bei all diesen unterschiedlichen Auffassungen, kann ein Sachverhalt richtig erkannt worden sein, dass darin tatsächlich eine Zahl enthalten ist. Das Zeichen , das auf Fragmenten von Tontöpfen aus einer früheren Phase belegt ist (**Abb. 4**), kann mit dem Wert 1000 eine Rangschwelle des Induszahlensystems gebildet haben. Anstatt die Zeichen zu addieren, lässt sich mit einer multiplikativen Verwendung eine größere Summe erreichen, so 1000 x 5 = 5000. Noch größere Werte ergeben sich bei einem multiplikativ-additiven Gebrauch der Zeichen, wie folgt:[140]

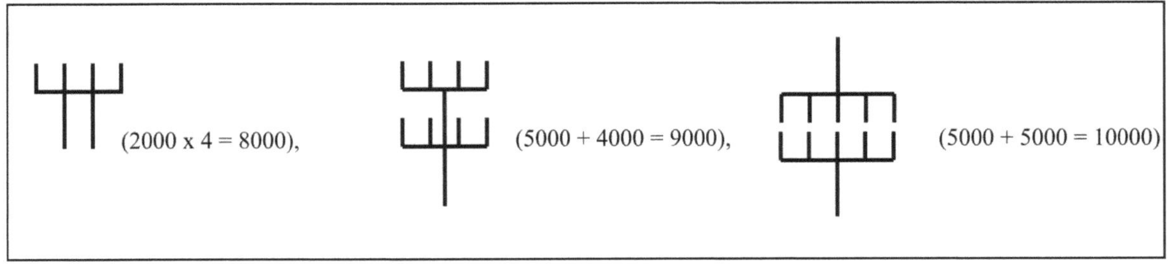

Bemerkenswert ist, dass sich in dieser multiplikativ-additiven Konstruktion, in der die Zeichen zusammengeschrieben werden, das Gestaltungsprinzip wiedererkennen lässt, das ebenfalls bei der multiplikativ-additiven Verwendung der Brāhmī-Zahlzeichen aus Nānāghāṭ vorkommt, hier ein paar Beispiele:

$(1000 \times 6 = 6000)$

$(1000 \times 10 + 1000 = 11000)$

$(1000 \times 20 + 1000 = 21000)$

$(1000 + 100 \times 7 = 1700)$

$(1000 \times 20 + 1000 \times 4 + 100 \times 4 = 24400)$

Sollten die gesagten Überlegungen des Verfassers stimmen, dann ergeben sich folgende Zeichen für die größeren Zahlen der Induskultur:

---

[137] s. Mahadevan, 1977, 788, Sign No. 171.
[138] Petrie 1932, 34.
[139] Wells 2015, 57.
[140] Mahadevan 1977, 788, Nr. 171, 173.

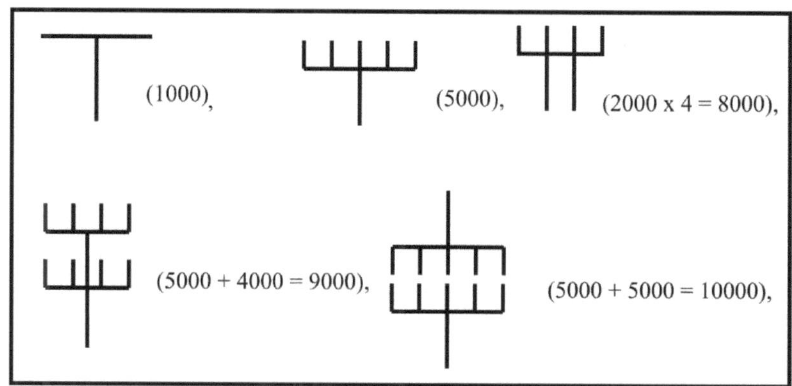

Der Gebrauch des Zahlzeichens T für Tausend im Brāhmī-Zahlzeichen aus Nānāghāṭ und im Induszahlensystem kann nur ein reiner Zufall sein (s. aber offene Fragen).

Was die größeren Zahlen der Induskultur anbelangt, ist ein weiteres Zeichen von Bedeutung: es handelt sich um das Zeichen Ε.[141] Zwischen den beiden Zeichen und Ε lässt sich eine gewisse Ähnlichkeit feststellen, das Letztere ist 90° gedreht, und es fehlt ihm lediglich der senkrechte Strich unter dem Zeichen, der zu dem Zeichen T gehört. Mahadevan hat in seiner Konkordanz der Induszeichen die Varianten von Ε zusammengestellt (s. hier **Tab. 4**), und bei Wells findet sich eine Darstellung, in der das Zeichen zweimal nebeneinander abgebildet wird. Es lässt sich daraus erkennen, dass das Zeichen aus einem senkrechten und kurzen waagerechten Strichen zusammengesetzt wird. Die Anzahl der kurzen Striche ist jeweils 4, 5, 6, 7, 8 und 10 (9 fehlt). Stellt der senkrechte bzw. der lange Strich 100 dar, wie es in der Hypothese angenommen wird, und geht man davon aus, dass bei der Gestaltung des Zeichens das multiplikativ-additive Verfahren verwendet worden ist, dann sind die Zeichen zu lesen: 400-800, 1000.

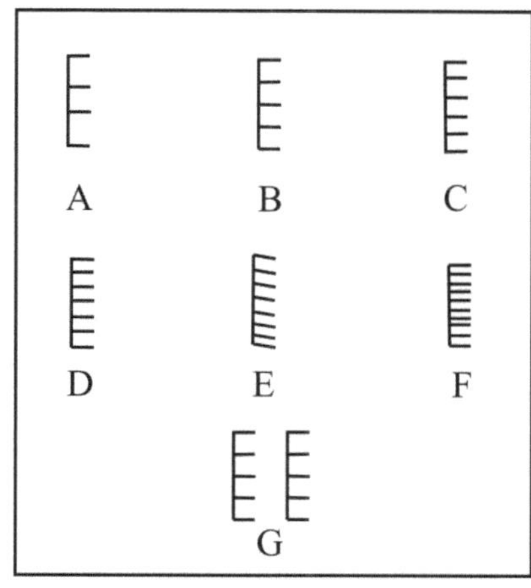

Tab.4: Induszeichen, A-F nach Mahadevan,1977,788, No.176; G nach Wells, 2011,66, No.401.

Da es für die Darstellung sowohl von Hundertern, als auch von Tausendern mehrfache Möglichkeiten gab, ist daraus zu schließen, dass Schreiber je nach dem Bedarf Varianten verwendeten. Die Benutzung vieler Varianten von Zahlzeichen deutet darauf hin, dass ein solcher Gebrauch in der Induskultur allgemein üblich war (**Tab. 10a-c**). Es ließe sich gut vorstellen, das

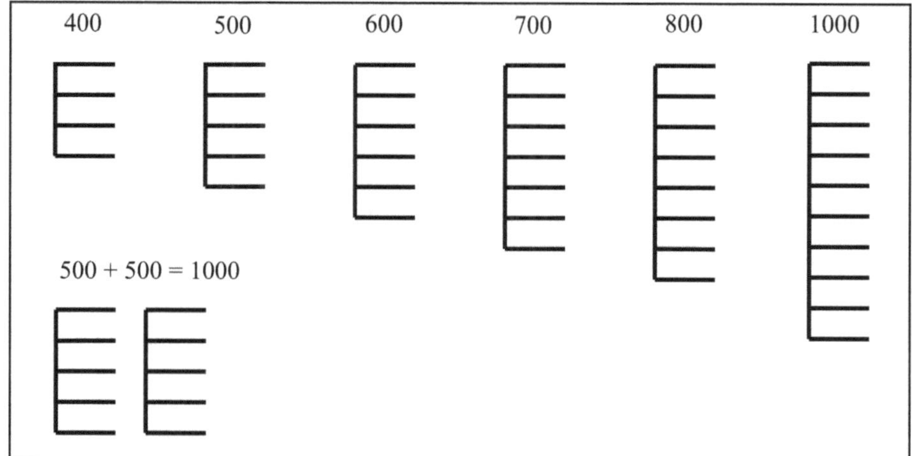

---

[141] Mahadevan 1977, 188, Nr. 176, s. auch Wells, 2011, 66, Nr. 401.

Schreiben der Zahlzeichen mit Strichen relativ einfach gewesen wäre und an der Anzahl der Striche der Wert des Zahlzeichens auch leicht erkennbar sein dürfte, was sicherlich bei der Verwendung von Varianten auch von Vorteil sein könnte.

ZAHLZEICHEN AUF FUNDEN

In diesem Abschnitt soll versucht werden, die Zahlzeichen auf einigen Funden nach der oben aufgestellten Hypothese zu deuten. Wells präsentiert eine Reihe von Indus-Zeichen, die einige Eigentümlichkeiten aufweisen.[142] Es handelt sich dabei in viereckig eingerahmten Feldern um

A — 4 M-36	**B** — 5 M-1635	**C** — 6 H-647	**D** — 6 M-8	**E** — 6 H-415
F — 6 M-941	**G** — 7 M-1169	**H** — 8 H-28	**I** — 8 H-1708	**J** — 10 M-1103
K — 16 H-598	**L** — 16 M-665	**M** — 16 H-51	**N** — 26 H-29	**O** — 204 M-141
P — 204 M-41	**Q** — 204 H-301	**R** — 304 M-637	**S** — 8000 H-701	

Tab. 5: Beispiele der Zahlzeichen der Induskultur in viereckigen Feldern (vgl. Parpola, 1994, 75, Fig. 5.1). Bis jetzt ist 9 mit kurzen Strichen in einem solchen Feld nicht bekannt. Für 10 werden entweder zehn kurze Striche (J), oder das Zeichen ⟩ verwendet (K-N). Ein horizontaler Strich ist als ein langer Strich aufzufassen und hat den Wert 100 (0-R). Die Bedeutung des mittleren Zeichens im Feld I bleibt unklar. Das Zeichen im Feld S ist auf der Fotographie bei Parpola schlecht zu erkennen und nicht sicher (s. Wells 2011, 158f.).

horizontale, vertikale Striche und die Zeichen ⟩, ⟩⟩ sowie zwei weitere Zeichen (s. hier **Tab. 5**). Wells ist der Ansicht, dass Forscher diesen Darstellungen bis jetzt wenig Aufmerksamkeit geschenkt haben. Tatsächlich hat keiner außer Petrie, der mit ägyptischen Hieroglyphen vertraut war, und Fairservis versucht, sie zu deuten. Petrie las die Zeichen „hall of four, hall of six, hall of seven, hall of ten", und Fairservis glaubte, dass es sich um Gewichte mit Zahlzeichen handelte.[143] Ob die Darstellungen irgendetwas mit Hallen bzw. Gewichten zu tun haben,

---

[142] Wells 2011, 158.
[143] Petrie 1932, 34; Fairservis 1971, 100f.

sei dahin gestellt. Dass die Striche Zahlzeichen sind, lässt sich leicht erkennen. So kommen in den Feldern 4 bis 10 Striche vor (jedoch ohne 9). Horizontale Striche in der Mitte sind als lange Striche jeweils mit dem Wert 100 aufzufassen (**Tab. 5, O-R**). Die Art und Weise, wie das Zeichen für 10 geschrieben wird, ist bemerkenswert. Wenn das Zahlzeichen 10 allein wiedergegeben wird, werden darin 10 Striche verwendet (**Tab. 5, J**). Wenn aber größere Zahlen wie 16 bzw. 26 dargestellt werden sollen, wird von den Zeichen ❭ bzw. ❭❭ Gebrauch gemacht (**Tab. 5, K- N**). In der bereits oben genannten Wiedergabe an einem Tontopf (H-1088) steht 10 allein und wird mit 10 Strichen abgebildet (**Abb. 2**). Die hier aufgestellte Hypothese scheint bestätigt zu werden, dass die Zeichen ❭ und 10 Striche Varianten von 10 sein sollen - das Zeichen ❭ ist lediglich als eine andere Schreibweise von ∩ aufzufassen. Die Umformung des Ersteren geschah wohl aus praktischen Gründen, so konnte es platzsparend in den Siegeln untergebracht werden. Das Zeichen im Feld I (H-1708) stellt wohl kein Zahlzeichen dar, und in diesem Zusammenhang bleibt seine Verwendung unklar. Das Zeichen H-701 (hier **Tab.5, S**) ist in der fotographischen Wiedergabe von CISI-2 schlecht zu erkennen. Wells vermutet, dass darin das Zeichen enthalten sei - und zwar zweimal übereinander, vielleicht jeweils mit 4 Strichen darauf, bzw. eines davon mit 5 und das andere mit 4 Strichen. Wird davon ausgegangen, dass darin zwei Zeichen jeweils mit 4 Strichen dargestellt werden, dann sind sie nach der vorgeschlagenen Hypothese (1000 x 4) + (1000 x 4) = 8000 zu lesen. An dieser Stelle

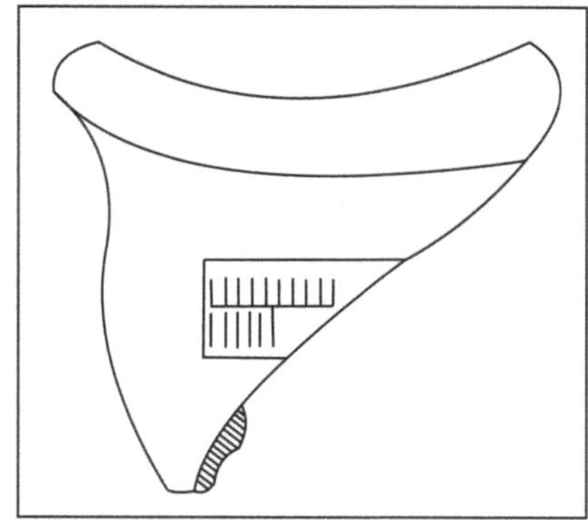

Abb. 5: Fragment eines Tontopfes, Harappa (CISI-3, 249, H-1751), darauf Zahlzeichen für 10000 und 500.

soll ein weiterer Fund erwähnt werden: Auf einem Fragment eines Tontopfes aus Harappa (H-1751, s. hier **Abb. 5**) findet sich das Zeichen ⊤ mit 10 kurzen Strichen darauf und 5 langen Strichen daneben. Es kann laut der Hypothese gelesen werden als (1000 x 10) + 500 = 10500.

Im Weiteren sind 5 Objekte aus Kupfer zu nennen, die Mackay 1938 bei Ausgrabungen in Mahenjo-daro fand.[144] Es handelt sich um eine Axt mit 6 Strichen und 7 ∩ Zeichen (CISI-3, M-2121), eine Axt mit 6 Strichen (CISI-3, M-2122), ein Heftzapfen eines Meißels mit 9 Strichen und 1 ∩ Zeichen (CISI-3, M-2118), eine schlecht erhaltene Pfeilspitze (?) mit 11 Strichen (CISI-3, M-2124) und ein Messer mit 8 Strichen (CISI-3, M-2123). Mackay schlug vor, die Striche als Zahlzeichen, das Zeichen ∩ als 10 und die Zahlen additiv aufzufassen. So sollen auf der Axt M-2121 die Zahl 76 und auf dem Heftzapfen M-2118 die Zahl 19 enthalten sein. Da 11 Striche auf der Pfeilspitze M-2124 erscheinen, vermutete Mackay, dass diese sich auf ein duodezimales System beziehen könnten.[145] Später ergänzte er in einer Fußnote: "From the manner in which they are arranged it is possible that the eleven strokes on the blade in pl. CXXVII,1, were not intended to be read consecutively."[146] Parpola machte ebenfalls auf das Zeichen ∩ aufmerksam und betrachtete es auch als das Zahlzeichen für 10. Er vermutete, dass die Zahlen sich jeweils auf das Gewicht des Objektes beziehen oder Inventarnummern sein könnten, und meinte: „If the original weight can be determined with fair accuracy, this alternative can be tested."[147]

---

[144] Mackay 1976, Pl. CXXVI, CXXV, CXXXI (s. hier **Abb. 6a-e**).
[145] Mackay 1976, 454, Fußnote 1.
[146] Mackay 1976, 661, Fußnote 4.
[147] Parpola 1994, 107; s. auch 1985, 403.

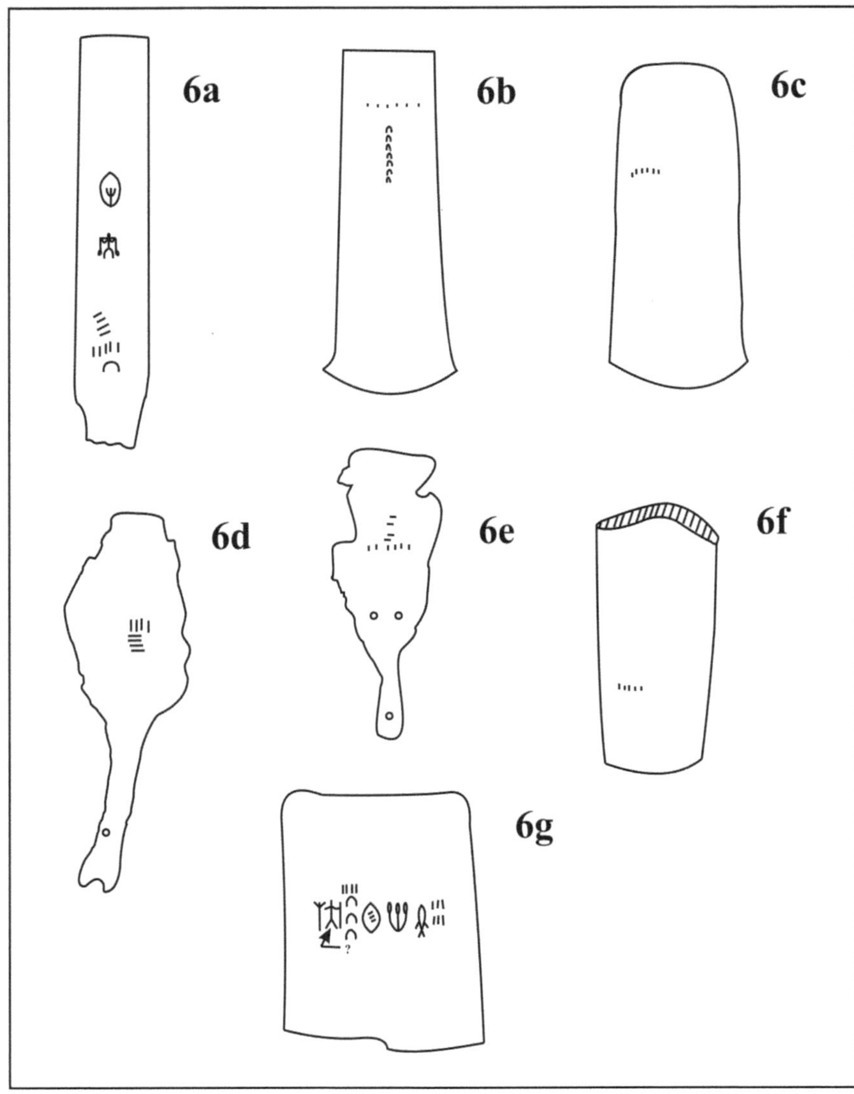

1998 ging John Sören Pettersson dem Hinweis von Parpola nach, wobei er die Frage ausklammerte, ob die Zahlzeichen Inventarnummern sein sollten, da die Anzahl der Objekte zur Klärung dieser Frage nicht ausreichte. Er konnte in seiner Betrachtung außer den oben genannten 5 Objekten aus Mohenja-daro 4 weitere Funde berücksichtigen.[148] Es handelte sich um einen Kupferbarren aus Chanhujo-daro mit 2 „X" und 3(?) ∧ Zeichen (CISI-1, C-39), ein Fragment einer Axt aus Chanhujo-daro mit 3 ∧ Zeichen und 4 (?) Strichen (CISI-1, C-40), eine Axt aus Kalibagan mit 1∧ und mit einem anderen Zeichen (CISI-1, K-121) und eine Axt aus Kalibagan mit 5 Strichen (CISI-1, K-122). Pettersson standen 5 Objekte davon zur Verfügung, bei denen ihr Gewicht bereits ermittelt worden war, was ihm einen Vergleich der

Abb. 6a–g: Zahlzeichen auf Funden aus Kupfer (siehe **Tab. 6**), a) Heftzapfen eines Meißels (M-2118), b) Axt (M-2121), c) Axt (M-2122), d) Messer (M-2123), e) Pfeilspitze (M-2124), f) Axt (K-122), g) Fragment einer Axt (C-40).

Gewichte mit den Zahlen ermöglichte.[149] Er machte darauf aufmerksam, dass die Gegenstände zum Teil sehr schlecht erhalten und manche Zeichen darauf nicht eindeutig erkennbar sind, und schloss nicht aus, dass ursprünglich auf diesen Funden weitere Zahlzeichen vorhanden sein könnten. Ferner sollen die Art und die Anordnung dieser Zeichen der Objekte darauf hindeuten, dass die Zahlzeichen zu einer eigenen Klasse gehörten.

Das Ergebnis seiner Untersuchung war negativ - Pettersson fand keine Beziehung zwischen dem Objekt und seinem Gewicht. Er bemühte sich den Befund zu untermauern, indem er die Belege aus unterschiedlichen Blickpunkten in Betracht zog, und resümierte: „Series of simple strokes and 'horse shoes' on Indus metal ware suggest that an additive, sign-value notation for indicating numbers was used. The present paper established the numerical expressions on

---

[148] s. hier **Abb. 6f, 6g**; **Tab. 6, C-40, K-122**; s. auch CISI-1, 325, K-121, 337, C-39 (Von Abbildungen dieser Funde wird hier abgesehen, da sie auf den fotographischen Wiedergaben in CISI-1 unklar bzw. nicht eindeutig sind).

[149] M-2122, 262g; M-2118, 165g; M-2121, 1910g; K-121, 210g; K-122, 476g. Vgl. hierzu Pettersson 1994, 92f.

metal tools as a specific text gene and indented nine such inscriptions. The questions addressed concerned what numerical values the possible numerals were of and whether they related to the weight of the inscribed objects." Pettersson fuhr fort: "Straightforward mathematical solutions are impossible because inscriptions and objects are in a bad condition. Reference to consistency in form and arrangement of numerals were made a few times to exclude some readings. Still, uncertainty of which sign forms have been incised and also of which the original weights might have been has made it necessary to compute several solutions. These solutions seem to suggest that numerals did not relate to weight: For two Kalibagan objects, solving a system of equations of the 'experimental weight' led to an awkward solution where the larger unit was not present on the heavier object. Furthermore, the solutions obtained for these objects did not conform to solutions obtained for two objects from Mohenjo-daro. Likewise, attempts to match numerals with Indus weight units were not very successful; again an indication that numerals did note relate to weight."[150]

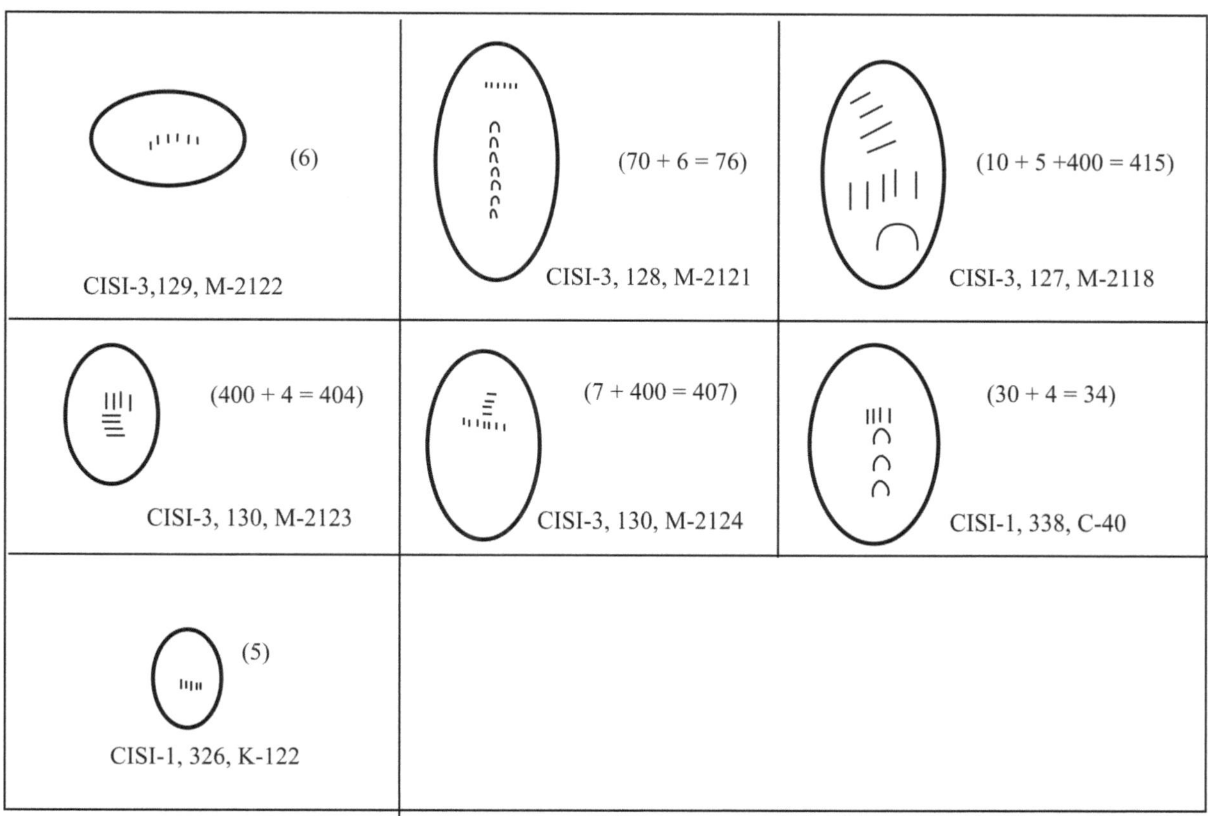

Tab. 6: Zahlzeichen auf Objekten aus Kupfer, siehe hier Abb. 6a-g.

Pettersson rollte dann ein anderes Problem auf, das die Verteilung der Striche in den Zahlzeichen betrifft. Er unterbreitete auch eine Lösung hierfür, die er freilich nur als eine Hypothese betrachtete. Wie eben erwähnt, befinden sich auf der Pfeilspitze von Mohenjo-daro (M-2124) 11 Striche, die sich nach Mackay auf ein duodezimales System beziehen könnten. Diese Auslegung würde bedeuten, dass in den Objekten zwei Zahlensysteme enthalten sind - das hufeisenförmige Zeichen (∩) als 10 bildet ein dezimales System, und die 11 Striche deuteten auf ein duodezimales System hin. Pettersson war der Auffassung, dass eine duodezimale Deutung nicht unbedingt notwendig sei. Er machte darauf aufmerksam, dass die 11 Striche auf dem Objekt in zwei Reihen 7 und 4 verteilt werden, was auch Mackay nicht entgangen war und meinte deshalb, dass sie vielleicht nicht fortlaufend gelesen werden sollten. Auf manchen von

---

[150] Pettersson 1998, 105f.

Pettersson untersuchten Funden sind ebenfalls 4 Striche getrennt angebracht (M-2118, M-2123, M-2124). Zum Beispiel werden auf dem Heftzapfen des Meißels aus Mohenjo-daro (M-2118) 1 ∧ Zeichen, 5 horizontale und 4 schräge Striche dargestellt. Nach Pettersson kommen zwei Möglichkeiten zur Deutung der 4 Striche infrage: entweder handelt es sich bei diesen 4 Strichen um gar keine Zahlzeichen, oder sie haben andere Zahlenwerte als die übrigen 5 Striche. Er ging der letzteren Frage nach, ohne die andere Deutung auszuschließen.

Das Zeichen ∧ nannte Pettersson aus praktischen Gründen **u**, 4 Striche vier **t** und die anderen Striche **i**, so soll **u** großer als **i** und **i** großer als **t** sein, und 4 **t** sollen ½**i** darstellen: „The number of **t**-strokes are four in all three cases where tilted rows appear. This fact was here taken to indicate that **i** represented eight **t**, because the simple stroke **i** probably represented a frequently employed magnitude, and in any system, half of such a magnitude could be a rather frequent magnitude too, whence the appearance of **4t** in some inscriptions, but it was also noted that the **4t** might be a non-numeral sign.“[151] Pettersson postulierte, dass das Zahlensystem auf den von ihm untersuchten Objekten oktal sein müsste: „In fact, there are no more than seven **i** in any inscription, which suggests a relation by eight between the two magnitudes denoted by **u** and **i**, and there are also never more then seven **u** which again supports the octal interpretation.“[152]

Die dargelegte Diskussion verdeutlicht die Problematik des Sachverhaltes. Es sollen zwei Fragen geklärt werden: 1. Besteht zwischen dem Objekt und den darauf angebrachten Zahlen eine Beziehung? 2. Warum werden die Striche an den Objekten unterschiedlich platziert? Wie oben bereits zu erkennen war, werden die Striche in den eingerahmten Feldern unterschiedlich dargestellt, um die langen und die kurzen Striche voneinander zu unterscheiden (**Tab. 5**). Dabei werden die langen Striche vertikal und die kurzen Striche horizontal wiedergegeben, d. h. die Striche für Hunderter vertikal und die für Einer horizontal.[153] Es ergibt sich nun folgende Möglichkeit, die Zahlen auf den Objekten darzustellen (vgl. **Tab. 6**), dabei spielt die Leserichtung bei dem additiven Zahlensystem keine Rolle:

M-2118 → 1 ∧ Zeichen, 5 kurze Striche und 4 lange Striche: 10 + 5 + 400 = 415,
M-2121 → 6 kurze Striche und 7 ∧ Zeichen: 6 + 70 = 76,
M-2122 → 6 kurze Striche: 6,
M-2123 → 4 lange und 4 kurze Striche: 400 + 4 = 404,
M-2124 → 4 lange und 7 kurze Striche: 400 + 7 = 407,
C-40 → 3 ∧ Zeichen und 4 kurze Striche: 30 + 4 = 34,
K-122 → 5 kurze Striche: 5.

In dieser Aufstellung werden C-39 und K-121 nicht berücksichtigt, da die Zeichen auf der fotographischen Wiedergabe in CISI-1 unklar bzw. nicht eindeutig zu erkennen sind.[154] Werden die Gewichte der Objekte den entsprechenden Zahlen gegenübergestellt, dann ergibt sich:

M-2118 → Gewicht 165g, Zahlen 415,
M-2121 → Gewicht 1910g, Zahlen 76,
M-2122 → Gewicht 262g, Zahlen 6,
K-122 → Gewicht 476g, Zahlen 5.

---

[151] Pettersson 1998, 106, s. auch 102.
[152] Pettersson 1998, 106.
[153] Damit ist die Deutung oktal von Pettersson hinfällig.
[154] Auf C39 soll nach Parpola 3 ∧ vorhanden sein (1994, 73/138).

Aus diesen Befunden geht hervor, dass es zwischen den Gewichten der Objekte und den darauf angebrachten Zahlen keine Beziehung besteht. Damit bleibt die Möglichkeit offen, ob es sich bei diesen Zahlen um eine Art der Inventarnummern handeln könnte, Belege wie mit Zahlen 404, 407, 415 könnten darauf hindeuten.

Bei dem nächsten Fall geht es um die gleichartigen Flachreliefs auf einer Reihe von Funden aus Mohenjo-daro.[155] Die Darstellungen kommen auf beiden Seiten des Fundes vor, von denen sich eine farbige Fotographie in CISI findet (Bd. 3, S. 403). Die Szenen der Reliefs werden hier in **Abb. 7** schematisch wiedergegeben.

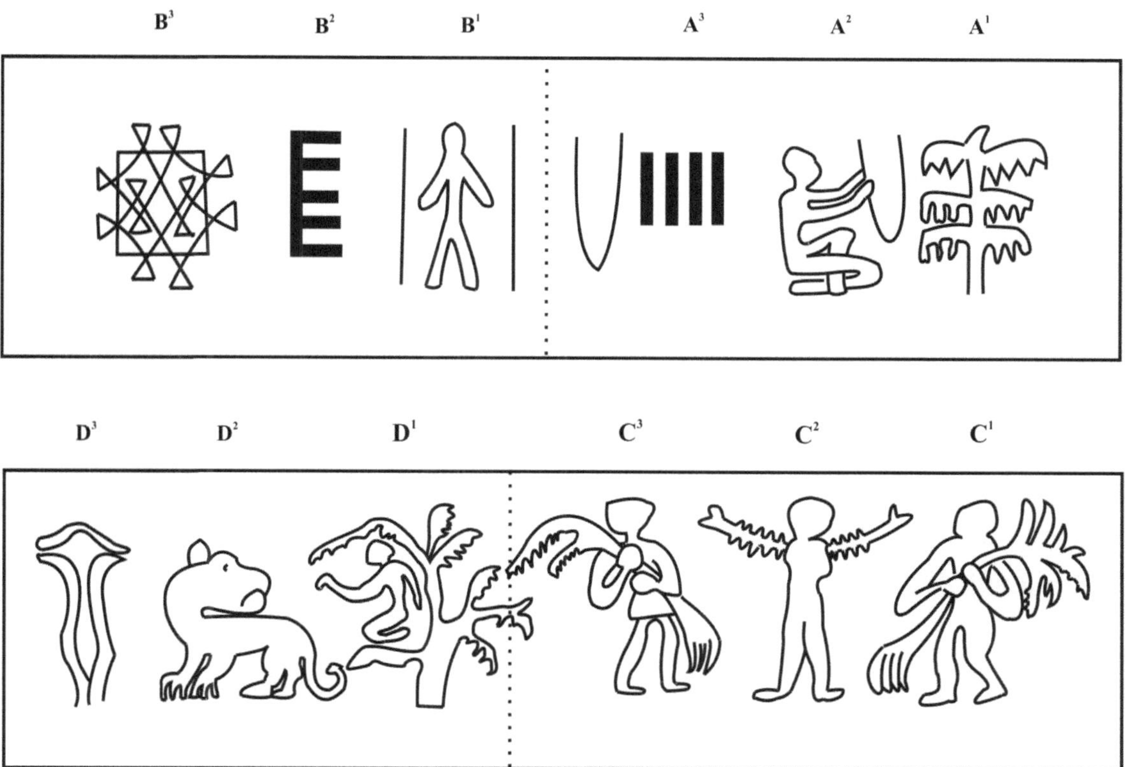

Abb. 7: Schematische Wiedergabe der Reliefs, die punktierten Linien verdeutlichen vier Szenen jeweils mit drei Elementen A^{1-3}, B^{1-3}, C^{1-3}, D^{1-3}; die beiden Zahlzeichen werden mit dicken Linien hervorgehoben, Mohenjo-daro (CISI-3, 403, M-478).

Beschreibung der Darstellungen: Auf einer Seite des Fundes hält ein Mann im Schneidersitz (A^2) vor einem Baum (A^1) eine U-förmige Vase in der Hand. Hinter dem Mann befinden sich vier kurze Striche und eine U-Förmige Vase (A^3). Dann folgen eine anthropomorphe Figur mit zwei senkrechten Strichen (B^1), das Zeichen Ε (B^2) und ein geometrisches Muster (B^3). Auf der anderen Seite des Fundes sind drei Personen zu sehen, die jeweils einen Ast halten (C^{1-3}). Daneben sitzt ein Mann auf einem Zweig eines Baumes, der seine Hand in die Richtung eines unten stehenden Tigers ausstreckt (D^1). Dieser wendet seinen Kopf nach dem sitzenden Mann auf dem Baum (D^2).[156] Als Letztes erscheinen zwei aufrechtstehende Schlan-

---

[155] CISI-1, M-478, 479, 480; CISI-2, M-1425.
[156] Szenen D^1 und D^2 sind mehrfach belegt, s. CISI-1, M-309, M-310, H-163, H-181, K-49, C-27(?); CISI-2, M-1185, M-1431, H-715; CISI-3, H-1973, H-1974, M-488 (Farbfoto Nr. 87), H-176 (Farbfoto Nr. 104).

gen, über deren Köpfe eine kleine Schlange in senkrechter Lage abgebildet wird (**D³**).[157] Auf
zwei Darstellungen lässt sich die kleine Schlange schlecht erkennen.[158]

Deutung der Szenen: Es ist anzunehmen, dass zwischen den Darstellungen der beiden Seiten
des Fundes ein Zusammenhang besteht. Dabei wird eine Bildergalerie mit vier Szenen abge-
bildet. Die Szene **A** zeigt einen Priester, er opfert einer Baumgottheit irgendetwas (Milch?
Getreide?) in einer Vase. Die Vase mit der Zahl 4 deutet darauf hin, dass die kultische Hand-
lung viermal vorgenommen wird. Die Szene **B**, die aus dem Rahmen fällt, soll zunächst zu-
rückgestellt und später behandelt werden. In der Szene **C** werden Äste befördert, die entweder
eine kultische oder wirtschaftliche Bedeutung haben. Die Darstellung **D** ist eine Szene eines
von Raubtieren und Schlangen besiedelten Waldes, aus dem die Äste gewonnen werden.
Während die drei Personen die Äste aus dem Wald herbeischaffen, lenkt ihr Begleiter auf dem
Baum einen Tiger ab, um seinen Kollegen einen sicheren Weg zu gewähren.[159]

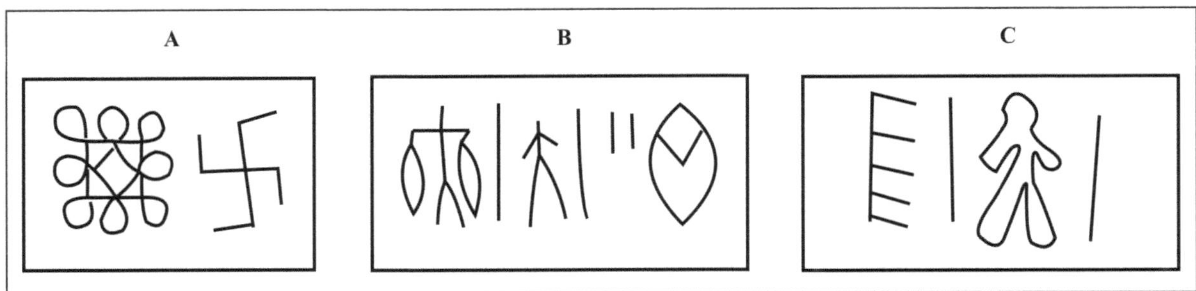

Abb.8: Induszeichen, abgebildet A) geometrisches Muster/Endlosknoten, Svastika (Mohenjo-daro CISI-2, 175,
M-1356), B) Lastenträger, anthropomorphe Figur zwischen zwei Strichen und ein weiteres Zeichen mit zwei
kurzen Strichen, Harappa (CISI-1, 204, H-164), C) Zahlzeichen, anthropomorphe Figur zwischen zwei Strichen,
Mohenjo-daro (CISI-2, 73, M-830).

Die Eigentümlichkeit der Bilder 7**A**, 7**C** und 7**D** besteht darin, dass konkrete Szenen behan-
delt werden, sodass die Handlungen unschwer zu erkennen sind. Auf dem Bild 7**B** finden sich
dagegen abstrakte Darstellungen, zu denen ohne Vorkenntnisse ein unmittelbarer Zugang
nicht möglich ist - es lässt sich lediglich allgemein annehmen, dass darin Gedanken enthalten
sind, die vom Zeichner hineingelegt worden sind. Man kann nur versuchen, ob die einzelnen
Elemente des Bildes verstanden werden können: Die anthropomorphe Figur (Abb.7**B¹**)
kommt entweder zusammen mit einem Zeichen eines Lastenträgers (**Abb.8B**), oder mit dem
Zeichen **Ε** vor (**Abb. 8C**).[160] Der Lastenträger führt eine Tätigkeit aus, und so ist es denkbar,
dass die Figur mit zwei senkrechten Strichen ebenfalls mit einer Handlung zu tun hat. Ferner
scheint zwischen der anthropomorphen Figur und dem Zeichen **Ε** irgendeine Beziehung zu
bestehen. Sollte die hier vorgelegte Hypothese stimmen, dann handelt es sich bei diesem Zei-
chen um ein Zahlzeichen. Was das geometrische Muster (**B³**) anbelangt, ist eine weitere Dar-
stellung vorhanden, in der es zusammen mit einer Svastika abgebildet wird (**Abb. 8A**), was
darauf hindeutet, dass das Zeichen eine sakrale Bedeutung hat.[161]

---

[157] Zur Deutung Schlange s. CISI-1, 115.
[158] CISI-1, M-480; CISI-2, M-1425;.
[159] Die Figur in der Mitte deutet Mahadevan mit Fragezeichen als eine Frau mit ausgestreckten Händen (1977,
796, Code 75). Eher dürfte es sich um eine Person handeln, die einen Ast auf der Schulter trägt und mit Händen
festhält. Auf dem Bild ist die Rückseite der Person zu sehen.
[160] CISI-1, M-197, H-164; CISI-2, M-716, M-830 (**Ε**), H-543, H-544 ; CISI-3, M-1839, M-2104, H- 1666.
[161] CISI-2, M-1356.

Ein besonderes Merkmal der drei geschilderten Szenen (**7A, 7C, 7D**) besteht darin, dass alle Lebewesen eine aktive Handlung vollziehen - der Priester opfert der Gottheit, die Männer tragen die Äste, der Mann auf dem Baum lenkt den Tiger ab, der Tiger wendet seinen Kopf nach dem Mann, die Schlangen richten sich auf und nehmen eine bedrohliche Haltung ein, um ihren Nachwuchs zu schützen. Es fehlt die dynamische Charakteristik in der Szene **B**, was eigentlich zu erwarten gewesen wäre. Wenn davon ausgegangen wird, dass in den beiden senkrechten Strichen rechts und links von der anthropomorphen Figur die vermisste Eigenschaft enthalten ist, dann wird die Symmetrie der Szenen wiederhergestellt. Um die Szene **7B** zu deuten, sollte ein weiterer Sachverhalt berücksichtigt werden - in der Szene **7A** stehen die Vase und das Zahlzeichen 4 mit der Handlung des Priesters im Zusammenhang. Es wäre zu erwarten, dass das sakrale Symbol und das Zahlzeichen 500 mit einer Tätigkeit der anthropomorphen Figur ebenfalls im Zusammenhang stehen, aber welchen? Leider lässt sich bei dem derzeitigen Stand des Wissens diese Frage nicht beantworten.

Unabhängig von der vorgelegten Deutung des Reliefs, die mag stimmten, oder aber auch nicht, bedarf es im Hinblick auf die hier aufgestellte Hypothese über die Zahlen einer Erklärung für die Darstellung des Zeichens **E** als das Zahlzeichen 500. Es erhebt sich die Frage, weshalb diese Variante aus einem langen und fünf kurzen Strichen, also ein multiplikatives und nicht aus fünf langen Strichen, also ein additives System verwendet wird. Offensichtlich geht es hier darum, mehr Platz zu gewinnen. Der Fall bezeugt eine Besonderheit der Induskultur, den pragmatischen Umgang mit der Verwendung von Varianten der Zahlzeichen.

ZAHLZEICHEN 10 und 12

Nachdem seinerzeit die Befunde der Untersuchung von Hemmy über die Gewichte der Induskultur vorlagen, erkannte man schon damals, dass das Zahlensystem dezimal sein müsste. George Sarton vertrat die Ansicht, dass das Zahlensystem der Induskultur zwar dezimal jedoch noch nicht vollkommen war, sowie auch das Zahlensystem der Sumerer.[162] In nachfolgender Zeit blieben die Zeichen für 10 und 12 problematisch. In einem dezimalen System erwartet man, dass 10 als eine Rangschwelle über ein eigenes Zeichen verfügt. Es wurde zwar vermutet, dass das Zeichen ∧ 10 sein könnte, allgemein blieb jedoch diese Auffassung weiterhin unsicher. Nun fand Vats bei Ausgrabungen in Harappa einen Tontopf mit 10 kurzen Strichen darauf (**Abb. 2**).[163] Dies löst aber das Problem noch nicht, da es sich nicht um ein eigenes Zeichen handelt, sondern es ähnlich wie die übrigen Zahlzeichen mit Strichen additiv gestaltet wird. Die Frage komplizierte sich immer mehr, als man spekulierte, dass das Zahlensystem der Induskultur oktal sei. Das Zeichen für 12 mit zwölf kurzen Strichen bleibt Forschern bis heute ein Rätsel, da es sich ebenfalls mit 12 Strichen in einem dezimalen bzw. oktalen System nicht unterbringen lässt. Manche glauben deshalb, dass 12 mit zwölf Strichen überhaupt kein Zahlzeichen sei. Wells geht davon aus, dass zumindest einige Zeichen mit 12 Strichen Zahlzeichen sein könnten.[164] Wenn man davon ausgeht, dass Wells Recht hat, widersprechen die beiden Zahlen 10 und 12 mit Strichen weiterhin der bisherigen Auffassung von einem dezimalen bzw. oktalen System. Erst wenn der Widerspruch aufgehoben werden kann, ist die Lösung der Frage des Zahlensystems der Induskultur zu erwarten.

---

[162] Sarton, 1936, 326.
[163] Vats, 1940, II, Pl. CII, Nr. 21.
[164] Wells, 2011, 129.

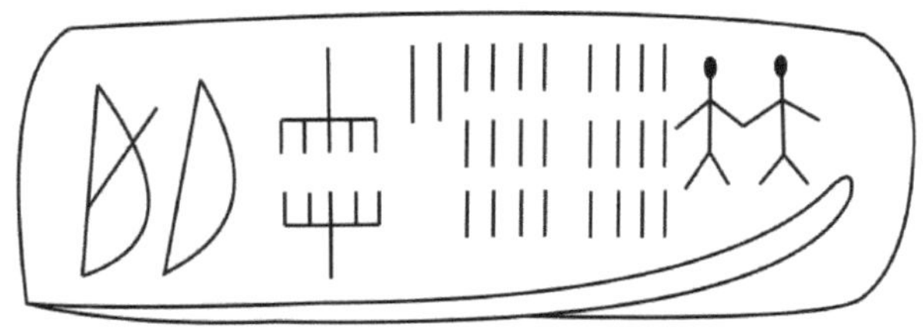

Abb.9:Darstellung eines Bootes auf einem Siegel, Kalibagan (CISI-1, 312, K-69).

12 Striche werden entweder in einer Gruppe, oder in zwei Gruppen nebeneinander, oder aber auch mit 24 Strichen ohne eine Trennung zwischen den beiden Gruppen wiedergegeben.[165] Dazu ist die Abbildung eines Bootes anschaulich, mit dem wohl Waren transportiert werden (**Abb. 9**): Es ist darin zu sehen: an einem Ende zwei anthropomorphe Figuren und am anderen Ende zwei Zeichen, Bogen und Bogen mit Pfeil. In der Mitte sind zweimal 12 Striche, zwei lange Striche und das Zeichen ⊤ zweimal. Ob diese doppelte Verwendung des jeweiligen Elements ein reiner Zufall ist, oder bewusst vorgenommen wird, lässt sich nicht ausmachen, vielleicht enthält die Szene ein rituelles Motiv. Nach der Hypothese sollen die Zeichen im mittleren Teil des Schiffes die Zahlzeichen darstellen. Sie sind zu lesen: 12 + 12 + 200 + 10000 = 10224.[166] Möglicherweise wird das Boot mit Waffen geladen und die Zahlen zeigen die Menge der enthaltenen Stücke. Zwei anthropomorphe Figuren könnten auf einen Tauschhandel zwischen zwei Parteien hindeuten.

Laut der Hypothese gab es für 12 zwei Zeichen, nämlich ⦂⦂ und 〉ıı bzw. ıı〉.[167] An sich sind, wie bereits dargelegt, die Varianten von Zahlzeichen in der Induskultur durchaus nicht ungewöhnlich. So wurden für 10 z. B. drei Zeichen verwendet, auch gab es für 10000 zwei Varianten, multiplikativ-additiv und multiplikativ (s. auch **Abb. 5**):

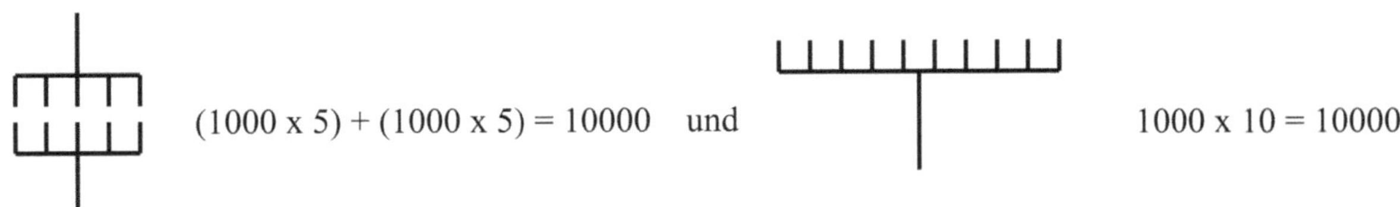

$$(1000 \times 5) + (1000 \times 5) = 10000 \quad \text{und} \quad 1000 \times 10 = 10000$$

Damit sind zwei Zeichen von 12 nicht weiter verwunderlich. Die Frage kann nur lauten, wie die Varianten von 10 und 12, die nicht aus Strichen gebildet werden, entstanden sind. Folgende Ausführungen sollen als Versuch dienen, die Entwicklung der Zeichen für 10 und 12 zu klären:

Zur graphischen Darstellung der Zahlen gibt es theoretisch zwei Möglichkeiten: 1. Sie können an ein und demselben Ort im Laufe der Zeit ihre Gestalt erhalten haben, 2. Ein Volk kann die Darstellung von einem anderen übernommen haben (s. unten offene Fragen). Bis jetzt ist kein anderes Zahlensystem ähnlich wie das der Induskultur bekannt geworden. Die Zahlzeichen der Induskultur, die wohl ein lokales Phänomen waren, entstanden sicherlich nicht über Nacht. Die Befunde deuten darauf hin, dass die Zahlzeichen ursprünglich ausschließlich mit Strichen gebildet worden waren, dabei gab es für 10 ein Zeichen mit zehn Strichen und für 12 ein Zeichen mit zwölf Strichen (**Tab. 7**). Das Zahlensystem war weder oktal, noch dezimal, es gab lediglich an den Rangschwellen einen langen Strich für 100 (ı) und ein Zeichen zusammengesetzt aus einem vertikalen und einem horizontalen Strich für 1000 (⊤). So ein System ähnelte dem in Mesopotamien nur mit dem Unterschied, dass die Basis nicht 60, sondern 100

---

[165] CISI-1, 169, H-14.

[166] Auf einem anderen Siegel (CISI-1, 266, L-115) sind die Zahlen 100 + 24 = 124 zu lesen.

[167] Bei einer additiven Verwendung ist die Platzierung der Zahlzeichen ohne Belang. Möglich wäre freilich eine subtraktive Verwendung, als 10 – 2 = 8.

war. *Das Zahlensystem könnte als „centesimal" bezeichnet werden.* Möglicherweise wurden Zahlzeichen anfangs auf Tontöpfen/Keramiken verwendet. Im Laufe der Zeit stieß man zwangsläufig auf Schwierigkeiten, wenn man die Zahlen mit größerer Anzahl von Strichen wiedergeben wollte. Man konnte zwar mit einem additiven bzw. einem multiplikativ-additiven Verfahren Zahlen über Hundert und Tausend schreiben, schwierig blieb aber der Bereich unter Hundert, wie könnte z. B. in der Praxis eine Zahl „sechsundsiebzig" mit 76 kurzen Strichen wiedergegeben werden? Irgendwann kam man auf die Idee - vielleicht unter fremden Einflüssen - das Zeichen ∩ für 10 und das Zeichen) als eine Variante davon einzuführen, und so entstand ein perfektes Dezimalsystem. Nun konnte die Zahl 76 mit 7 ∩ und 6 kleinen Strichen additiv (**Abb. 6b**) und die Zahl 12 mit dem Zeichen)ıı ebenfalls additiv geschrieben werden. *Die Zahlzeichen von 10 und 12 mit den Strichen sind also Relikte eines alten Systems.*

es bleibt noch eine Frage zu klären: Nach Mahadevan sind in den heute bekannten Funden das Zeichen) 88-mal und das Zeichen mit zehn Strichen nur 2-mal belegt (s. hier **Tab. 9**). Dagegen kommen das Zeichen)ıı bzw. ıı) 7-mal (davon 2 unsicher) und das Zeichen ⠿ 70-mal vor. [168] Nach Wells sind „zwölf Striche" 56-mal und das Zeichen) 95-mal vorhanden.[169] Der Unterschied bei der Angaben von „zwölf Striche" ergibt sich dadurch, dass Mahadevan in seiner Statistik die zweifachen Darstellungen der „zwölf Striche" in einer Gruppe nicht als eine Einheit, sonder getrennt jeweils „zwölf Striche" zählt.

ı	ııııı ııııı	ıııı ıııı ıııı	ı	⊤
ı	) , ∧	)ıı , ıı(	ı	⊤
1	**10**	**12**	**100**	**1000**

Tab. 7: Oben das ursprüngliche Zahlensystem der Induskultur mit Strichen (centesimal), unten das spätere Zahlensystem mit Varianten der Zahlzeichen von Zehn und Zwölf (dezimal), * s. hier Fußnote 167.

Auf jeden Fall fällt die Diskrepanz der Häufigkeiten der Zahlzeichen) für 10 und)ıı für 12 besonders auf. Nun gab es einen entscheidenden Unterschied zwischen den beiden Zeichen, das Zeichen) für 10 war eine Rangschwelle und wurde aus der praktischen Notwendigkeit eingeführt. Die Zahl 12 mit zwölf Strichen war keine Rangschwelle und hatte im alten System allem Anschein nach eine besondere, wohl sakrale Bedeutung. Ein ebenfalls aus praktischen Gründen eingeführtes Zeichen)ıı konnte eine tief im Volk verankerte Vorstellung, die Zahl 12 mit zwölf Strichen zu schreiben, nicht verdrängen, so blieb eine seit alters gebräuchliche Schreibweise als eine Variante noch aktuell. Vielleicht spiegelt sich ein solcher Sachverhalt in der obigen Darstellung des Bootes wieder (**Abb. 9**).

---

[168] Mahadevan 1977, 754, 757.
[169] Wells 2011, 118.

OFFENE FRAGEN

In den Funden der Induskultur kommt eine Reihe von Zeichen vor, die aus zwei zusammengesetzten Strichen dargestellt und von Mahadevan in seiner Konkordanz als Varianten aufgelistet wird (s. hier **Tab. 8**). Darin findet sich auch das Zeichen ʕ. Wells hielt es anfänglich zwar für möglich aber wenig wahrscheinlich, dass es sich um ein Zahlzeichen handelt.[170] Er begründet seine Auffassung damit, dass das Zeichen nicht so oft vorkommt, in seiner späteren Veröffentlichung wird es nicht mehr als ein solches erwähnt.[171] Die Bedeutung der Kombination von zwei Strichen bleibt damit unklar. Es war in der Induskultur üblich, eine Zahl zu halbieren, und angesichts des technischen Standes wäre es

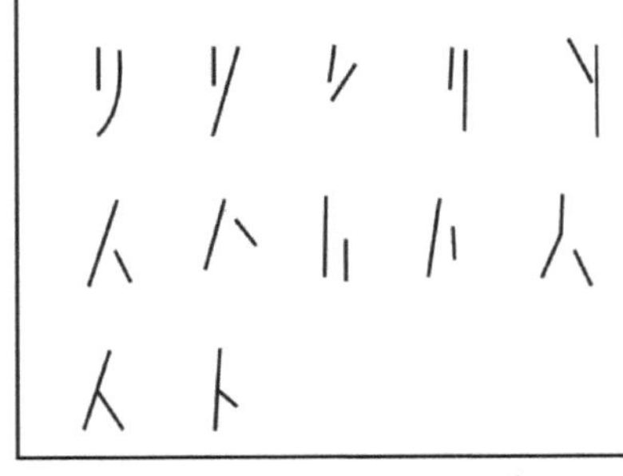

Tab. 8: Darstellungen diverser Kombinationen von zwei Strichen nach Mahadevan, 1977, 787, Nr. 123-125.

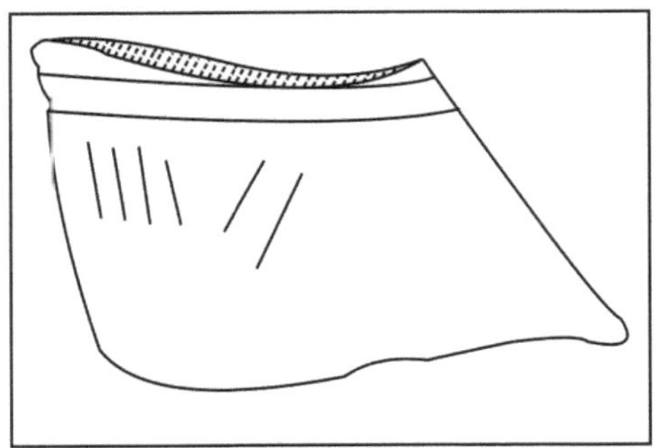

Abb. 10: Fragment (Keramik), darauf 4 senkrechte und 2 schräge Striche, Harappa (CISI-3, 195, H-1460).

durchaus denkbar, dass unter diesen Zeichen auch Bruchzahlen vorhanden sein könnten. Ferner lässt sich eine Besonderheit der langen Striche darin erkennen, dass in einer Kombination einige Striche senkrecht und andere schräg gezeichnet werden. Sie kommen vor allem in den Keramiken vor (**Abb. 1 u. 10**). Wird davon ausgegangen, dass die Striche von links nach rechts zu lesen sind, dann werden zunächst die schrägen und dann die senkrechten Striche auf dem Objekt angebracht. Manche Forscher nehmen an, dass es sich lediglich um Varianten handelt.[172] Es ist aber auch nicht auszuschließen, dass in dieser Art der Wiedergaben ein Sinn enthalten sein kann, der irgendwie mit der Art der Zahlzeichen zusammenhängt.[173]

In den Funden finden sich auch zahlreiche Kombinationen von Zahlzeichen und solchen Zeichen, die wohl kein Zahlzeichen sein sollen. Es wird oft die Meinung vertreten, dass die Induszahlen homophon sein könnten, und auch grammatikalische Funktion wie Präfix, Suffix, diakritische Zeichen usw. zu erfüllen hätten. Bei bekannten Schwierigkeiten, die Indusschrift bzw. die Induszeichen zu entziffern bzw. zu deuten, lassen sich zurzeit diese Auffassungen weder bestätigen, noch widerlegen.[174] Es ist bezeichnend, dass die Zahlzeichen und die Nicht-Zahlzeichen entweder zusammen (sog. Ligaturen), oder getrennt platziert werden. Hier ein Beispiel eines zusammengesetzten Zeichens:[175]

---

[170] Wells 2011, 118, Fig. 5,1, Nr. 65.
[171] Wells 2011, 129, vgl. 2015, 73-76.
[172] u. a. Mahadevan 1977, 786, Sign Nr. 94/2620.
[173] Weitere mögliche Zahlzeichen s. **Tab. 11**.
[174] s. hier Fußnote 14; Chrisomalis 2010, 330-333.
[175] Vgl. Mahadevan 1977, 32, Sign Nr. 19.

Wie man sieht, handelt es sich um eine anthropomorphe Figur mit dem Zeichen 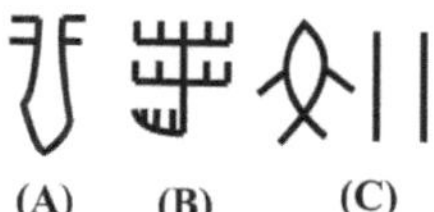 in der Hand, das nach der hier vorgelegten Hypothese das Zahlzeichen für 5000 sein soll. Subbarayappa glaubt, in der anthropomorphen Figur auch ein Zahlzeichen zu erkennen, und zwar das Zeichen für 1000 (s. Rückblick). Wird die Darstellung so gedeutet, wie darin unmittelbar zu erkennen ist, dann ist sie zu lesen „Mann mit 5000 in der Hand" bzw. „Mann bietet 5000 an". Eine sichere Auslegung wird aber erst dann möglich sein, wenn die tatsächliche Bedeutung der anthropomorphen Figur erkannt werden kann. Hierfür empfiehlt es sich, sämtliche anthropomorphen Figuren, von denen eine beträchtliche Anzahl vorkommt, zum Gegenstand einer eigenständigen Untersuchung zu machen.[176] Vielleicht ergibt sich dann eine schlüssige Deutung der hier vorgelegten Kombination.

Auf einer Kupferplatte aus Mohenjo-daro (CISI-1, M-571) findet sich auf einer Seite eine Zeichnung eines Elefanten, auf der anderen Seite wird folgende Inschrift angebracht:

(A)   (B)   (C)

An das Zeichen **B** werden 3 Striche hinzugesetzt, und bei einer additiv-multiplikativen Verwendung ergibt sich die Summe: (5000 + 5000) x 3 = 30000. Dass eine große Zahl offensichtlich dem Gegenstand **A** zugeordnet wird, hält der Verfasser der vorliegenden Arbeit, wie oben bereits begründet worden ist, nicht für ungewöhnlich - die Gewichte der Induskultur weisen ebenfalls große Zahlen auf. Neben dem Fischzeichen befinden sich zwei lange Striche **(C)**, der Fisch mit der Zahl 200 bedarf weiterer Klärung. Wie bereits dargelegt (s. Rückblick), glaubte Heras, in dem Zeichen des Fisches das dravidische Wort min zu erkennen. Darin sind ihm die russischen und die finnischen Forscher gefolgt. Da min in der dravischen Sprache auch „Stern" bedeutet, handelt es sich nach ihnen bei dem Fisch der Induskultur um einen „Stern" - so stellt das Fischzeichen einen Rebus dar. Das Zeichen wird auch mit 6 bzw. 7 Strichen wiedergegeben. Nach Parpola sollen sie Sternbilder Plejaden und Ursa Minor darstellen.[177] Manche Forscher können diese Auffassung durchaus nachvollziehen. Auch hielt der Verfasser der vorliegenden Arbeit selbst an anderer Stelle eine solche Auslegung nicht für ausgeschlossen.[178] Angesichts der Befunde dieser Arbeit erhebt sich jedoch die Frage, wie denn das Fischzeichen mit der Zahl 200 gedeutet werden kann.

Bei der Betrachtung der Zahlen ist zwischen drei Prinzipien zu unterscheiden, wofür folgende Terminologien verwendet werden können:[179] Konstruktion, Zeichnung und Gestaltung. Unter das Konstruktionsprinzip fallen die Eigenschaften wie dezimal, duodezimal, sexagesimal, usw. aber auch additiv, subtraktiv, multiplikativ, additiv-multiplikativ, multiplikativ-additiv und das Stellenwertsystem. Das Zeichnungsprinzip bezieht sich darauf, wie die Zahlzeichen graphisch dargestellt werden, ob sie mit Buchstaben, Zahlwörtern, geometrischen Zeichen, Symbolen sichtbar gemacht werden, ob linksläufig, rechtsläufig, von oben nach unten (theoretisch auch von unten nach oben), Bustrophedon sein sollen. Bei dem Gestaltungsprinzip geht es darüber hinaus um die Kombinationen der einzelnen Zeichen, ob die Zeichen „getrennt", „zusammen", „getrennt-zusammen" abgebildet werden. Diese Prinzipien sind situationsbedingt, entstehen aus der jeweiligen Sachlage eines Volkes und unabhängig von Raum und Zeit. Ein Volk kann ohne fremde Einflüsse von diesen Prinzipien Gebrauch gemacht haben,

---

[176] Anthropomorphe Figuren s. Mahadevan 1977, 32, 753.
[177] Parpola 1994, 194f.; 2005, 52ff; 2008, 45.
[178] Das Gupta 2009, 75, Fußnote 140.
[179] Eine alternative Klassifizierung s. Chrisomalis 2010, 12f.

39

aber auch alle drei Prinzipien, oder eine oder zwei davon von einem anderen Volk übernommen haben.

Die Brāhmī-Zahlen aus Nānāghāṭ sind dezimal, additiv, multiplikativ-additiv. Dabei werden die Zeichen im additiven Verfahren getrennt nebeneinander, und bei der multiplikativen Verwendung zusammengeschrieben. Ähnlich sind auch die Induszahlen dezimal, additiv, additiv-multiplikativ, und bei der Addition bleiben die Zeichen getrennt, bei der Multiplikation zusammengeschrieben. Es erhebt sich die Frage, wie diese Ähnlichkeit erklärt werden kann. Angesichts einer langen Zeitspanne zwischen den Induszahlen (2500-1900 v. Chr.) und den Brāhmī-Zahlen aus Nānāghāṭ (ca.150 v. Chr.) liegt der Gedanke nahe, dass die Ähnlichkeit der beiden Systemen reiner Zufall sein muss. Das Zahlzeichen T für Tausend der Induskultur und der Brāhmī-Zahl aus Nānāghāṭ kann ebenfalls auf einen Zufall zurückgeführt werden. Denn es gibt sonst keinerlei Ähnlichkeiten zwischen den graphischen Darstellungen der Induszahlen und der Brāhmī-Zahlen aus Nānāghāṭ, wenn von Ziffern 1 bis 3 abgesehen wird, die mit kurzen vertikalen Strichen gezeichnet werden.[180] Solche Verwendung kommt in vielen Zahlensystemen vor, die von Wells treffend als „graphic universals" bezeichnet wird.[181] Kann man aber dennoch völlig ausschließen, dass das Konstruktionsprinzip und das Gestaltungsprinzip unterschwellig noch vorhanden sein könnten, als die Brāhmī-Zahlen aus Nānāghāṭ geschrieben worden waren?[182]

Schließlich sollen die kritischen Punkte der Hypothese nicht verschwiegen werden. Es handelt sich um die Deutungen des langen Striches (I) und des Zeichens ⊥ . In der vorliegenden Arbeit werden ein langer Strich als 100 und das Zeichen ⊥ als ein additiv-multiplikatives Zahlzeichen gedeutet, nämlich (1+1+1+1+1) x 1000 = 5000. Die Gültigkeit der Hypothese steht und fällt damit, ob diese Auslegungen dem tatsächlichen Sachverhalt entsprechen. Es bleibt abzuwarten, ob künftige Forschung Licht in die noch offenen Fragen bringen kann.

---

[180] Das Gupta 2013, Tab. 6a-b.

[181] Wells, 2011, 30-34.

[182] Über den Ursprung der Brāhmī-Zahlen wird viel diskutiert (Salomon 1998, 57-60; Falk 1993, 168-176; Datta/Singh 1962, I, 28-38), die Situation ähnelt der Diskussion über die Herkunft der Brāhmī-Schrift (Salomon 1998, 19-30; Falk 1993, 109-167; v. Hinüber 1989, 12-15, 59-62; Datta/Singh 1962, I, 16-19). Im Kern geht es darum, ob die Brāhmī-Zahlen eine indigene Erfindung waren, oder ob dabei fremde Einflüsse eine Rolle gespielt hatten.

Induszahlenzeichen	Wert	Belege	Häufigkeit
〉	10	Mh, Seite 721	88
I I I I I I I I I I	10	Mh, Seite 718, CISI-2, M-1103	2*
〉ᴵᴵ oder ᴵᴵ〈 **	12	***	7
I I I I I I I I I I I I	12	Mh, Seite 718	70

Tab. 9: Häufigkeit der Zahlzeichen 10 und 12 (Mh = Mahadevan, 1977). * Am Krug (s. **Abb. 2)** und im Viereck (s. **Tab. 5)**. ** s. hier Fußnote 167, *** CISI-1: 328, C-3; CISI-2: 90, M-937; CISI-2: 93, M-958; CISI-2: 95, M-979; CISI-2:176, M-1358; CISI-2: 281, H-472 (?) ; CISI-2: 309, H-658 (?)

	A	B
1	I	
2	I I	I I
3	I I I	I I I
4	I I I I	I I I I
5	I I I I I	I I I I I ; ⋎
6	I I I I I I	I I I I I I ; ⋮⋮ ⫽
7	I I I I I I I	I I I I I I I I I ; I I I I I

Tab. 10a: A) Additive Zahlzeichen der Induskultur, B) Varianten der Induszahlzeichen. Siehe Zeichenlisten bei Mahadevan 1977, 785-792; Parpola 1994, 70-78; Wells 2011, 65-67.

	A	B
8	| | | | | | | |	
9	| | | | | | | | |	
10	)	
12	| | | | | | | | | | | |	
20	))	
24	| | | | | | | | | | | | | | | | | | | | | | | |	
50	))))))	
70		

Tab.10b: Induszahlzeichen (Fortsetzung), * s. hier Fußnote 167.

	A	B
1000		
1000 x 5 = 5000		
2000 x 4 = 8000		?
(1000 x 5) + (1000 x 4) = 9000		
(1000 x 5) + (1000 x 5) = 10000		

Tab. 10c: (Fortsetzung) Zahlensystem der Induskultur, A) Multipliktive und multplkativ-additive Zahlenzeichen B) Varianten.

Induszeichen	Wert (?)	Belegstellen
	10 + 7 = 17	Mh, Seite 540, Nr. 1296
	2 + (10 x 4) + 2 = 44	Mh, Seite 541, Nr. 2358
	10 x 5 = 50	Mh, Seite 541, Nr. 2656
	10 x 6 = 60	Mh, Seite 541, Nr. 2621
	10 x 5 = 50 und 10 x 5 = 50	Mh, Seite 541, Nr. 3016
	Einmal Zehner	Mh, Seite 540, Nr. 2049
	2 x 10 x 100 = 2000	Mh, Seite 101, Nr. 4139
	4 x 10 x 100 = 4000	Mh, Seite 62, Nr. 2157
	5 x 10 x 100 = 5000	Mh, Seite 67, Nr. 2316

Tab. 11: Beispiele möglicher Zahlzeichen der Induskultur, Mh = Mahadevan, 1977.

LITERATUR

CISI: s. Joshi/Parpola, 1987 (CISI-1); Mustafa/Parpola, 1991 (CISI-2); Parpola *et al* 2010 (CISI-3, 1).

Chrisomalis 2010: St. Chrisomalis, Numerical Notation - A Comparative History (Cambridge 2010).

Das Gupta 1990: T. K. Das Gupta, Von Kant zu Bastian - ein Beitrag zum Verständnis des wissenschaftlichen Konzepts von Adolf Bastian mit vier kleinen Schriften von demselben (Hamburg 1990).

2009: T. K. Das Gupta, Die anthropomorphen Figuren der Kupferhortfunde aus Indien, in: Jahrbuch des Römisch-Germanischen Zentralmuseums Mainz, Bd. 56, 39-80 (Mainz 2009).

2013: T. K. Das Gupta, Der Ursprung des neuzeitlichen Zahlensystems - Entstehung und Verbreitung (Norderstedt 2013).

Dales/Kenoyer 1986: G. F. Dales/J. M. Kenoyer, Excavations at Mohenjo Daro, Pskistan: The Pottery (Pennsylvania 1986).

Datta/Singh 1962: B. Datta/A. N. Singh, History of Hindu Mathematics, part I u. II (Bombay/Calcutta usw. 1935-38/1962).

Fairservis 1992: W. A., Jr. Fairservis, The Harappan Civilization and Its Writing: A model for the decipherment of the Indus script (Leiden/New York 1992).

Falk 1993: H. Falk, Schrift im alten Indien - ein Forschungsbericht mit Anmerkungen (Tübingen 1993).

Farmer *et al* 2004: S. Farmer/R. Sproat/M. Witzel, The collapse of the Indus-Script thesis: The myth of a literate Harappan Civilization. Electronic Journal of Vedic Studies (EJVS) 11-2: 19-57. (s. unter Back Issues 2004).

Fuls, 2015A.: A. Fuls, Classifying Undeciphered Writing systems, in: Wells 2015, 134-140 (Oxford 2015).

Gardiner 1973: A. Gardiner, Egyptian Grammar - being an Introduction to the Study of Hieroglyphs (London 1973).

Gokhale 1966: Sh. Gokhale, Indian Numerals (Poona 1966).

Hemmy 1931: A. S. Hemmy, System of Weights at Mohenjo-daro, in: Marshall 1931, XXIX, 589-598 (London 1931).

1938/1976: A. Hemmy, System of Weights, in: Mackay 1976, Chapter XVII (New Delhi 1938/1976).

Heras 1939: H. Heras, The Numerals in the Mohenjo Daro Script, New Indian Antiquary, Vol. II, 449-560 (Bombay 1939).

1953: H. Heras, Studies in Proto-Indo-Mediterranean Culture (Bombay 1953).

Hinüber 1989: O. v. Hinüber, Der Beginn der Schrift und frühe Schriftlichkeit in Indien (Stuttgart 1989).

Hunter 1934/1993: G. R. Hunter, The Script of Harappa and Mohenjodaro and its connection with other Scripts (London/New Delhi 1934/1993).

Jeganathan 1995. P. Jeganathan, Some Aspects of Asymptotic Theory with Applications to Time Series Models, in: Econometric Theory, Vol. 11, No. 5, 818-887 (Cambridge 1995).

1997a: P. Jeganathan, Structural Reading and Evolution of the Indus Script Viewed as a Complex System, Part I: Metrological Reading, in: The Prague Bulletin of Mathematical Linguistics 67, 75-134 (Praha 1997).

1997b: P. Jeganathan, Structural Reading and Evolution of the Indus Script Viewed as a Complex System, Part II: Evolution and Relation to Brahmi Script, in: The Prague Bulletin of Mathematical Linguistics 68, 35-56 (Praha 1997).

1997c: P. Jeganathan, On The Conceptual Basis in Modeling and Inference (Ann Arbor 1997), veröffentlicht im Internet.

Joshi/Parpola 1987: J. P. Joshi/A. Parpola, Corpus of Indus Seals and Inscriptions (CISI 1) (Helsinki 1987).

Kenoyer 1998: J. M. Kenoyer, Ancient cities of the Indus Valley Civilization (Karachi 1998).

Kinnier-Wilson 1974: J. V. Kinnier-Wilson, Indo-Sumerian - A New Approach of the Problems of the Indian Script (Oxford 1974).

1984: J. V. Kinnier-Wilson, The Case for Accountancy, in: Lal/Gupta, 153-178 (New Delhi 1984).

Knorozov 1976: Yu. V. Knorozov, s. A. R. K. Zide/ K. V. Zvelebil 1976.

Lal/Gupta 1984: B. B. Lal/S. P. Gupta (Hrsg.), Frontiers of the Indus Civilization (New Delhi 1984).

Langdon 1931: St. H. Langdon, The Indus Script, in: Marshall 1931, XXIII, 423-455 (London 1931).

Le Cam/Yang 2000: L. Le Cam/G. L. Yang, Asymptotic in Statistics - Some Basic Concepts (New York/Berlin/Heidelberg 2000).

Mackay 1976: E. J. H. Mackay, Further Excavations at Mohenjo-Daro, Vol. I and II (Repr. New Delhi 1976).

Mahadevan 1972: I. Mahadevan, Study of the Indus Script through Bilingual Parallels, in: Proceedings of The Second All India Conference of Dravidian Linguists 1972, 240-252 (Trivandrum 1972).

1977: I. Mahadevan, The Indus Script, Texts, Concordance, and Tables (New Delhi 1977).

1989: I. Mahadevan, What Do We Know About the Indus Script? in: Proceedings of the Indian History Congress 1988, 599-628 (Delhi 1989).

Mainkar 1948: V. B. Mainkar, Metrology in the Indus Civilization, in: Lal/Gupta 1984, 141-151 (New Delhi 1948).

Marshall 1931: J. H. Marshall, Mohenjo-daro and The Indus Civilization, Vol. I, II, III (London 1931).

Mustafa/Parpola 1991: S. G. Mustafa/A. Parpola, Corpus of Indus Seals and Inscriptions (CISI 2), (Helsinki 1991).

Parpola 1984: A. Parpola, Interpreting the Indus Script, in: Lal/Gupta, 1984, 179-191 (New Delhi 1984).

1985: A. Parpola, The Indus script: a challenging puzzle, in: World Archaeology, Vol. 17, No. 1, 399-419 (London 1985).

1994: A. Parpola, Deciphering the Indus script (Cambridge 1994).

2005: A. Parpola, Study of the Indus Script, www.harappa.com/script/indusscript.html.

2008: A. Parpola, Is the Indus script indeed not a writing system? In: Airāvati, Felicitation volume in honour of Iravatham Mahadevan, 111-131 (Chennai 2008).

2009: A. Parpola, 'Hind Leg': Toward Further Understanding of the Indus script: in: Scripta, Vol. I, 37-76 (Seoul 2009).

2010: A. Parpola, A Dravidian solution to the Indus script problem (Chennai 2010).

Parpola/*et al* 1969a: A.Parpola/S.Koskenniemi/S. Parpola/P. Aalto, Decipherment of the Proto-Dravidian Inscriptions of the Indus Civilization: A first announcement (Copenhagen 1969).

1969b: A.Parpola/S.Koskenniemi/S.Parpola/P.Aalto, Progress in the Decipherment 0f the Proto-Dravidian Indus Script (Copenhagen 1969).

1970: A.Parpola/S.Koskenniemi/S.Parpola/P.Aalto, Further Progress in the Indus Script Decipherment (Copenhagen 1970).

Parpola/*et al* 2010: A.Parpola/B.M.Pande/P.Koskiksllio, Corpus of Indus Seals and Inscriptions (CISI 3, 1), (Helsinki 2010).

Petrie 1932: W. M. F. Petrie, Mohenjo-Daro, in: Ancient Egypt, Part II, 33-40 (London/New York 1932).

Pettersson 1994: J. S. Pettersson, The number of equations needed to test possible numerals, in: RUUL (Uppsala Universitet Institutionen för Lingvistik), 84-87 (Uppsala 1994).

1999: J. S. Pettersson, Indus Numerals on Metal Tools, in: Indian Journal of History of Science, 34 (2), 89-108 (New Delhi 1999).

Possehl 1979: G. L. Possehl (Hrsg.) Ancient cities of the Indus (Durham, North Carolina 1979).

1996: G. L. Possehl, Indus Age - The Writing System (Philadelphia 1996).

Rao 1973: S. R. Rao, Lothal and the Indus Civilization (London 1973).

Ross 1938, A. S. C. Ross, The "Numeral-Signs" of the Mohenjo-daro Script, Memoirs of the Archaeological Survey of India, Nr. 57 (Delhi 1938).

Rottländer 1984: R. C. A. Rottländer, The Hatappan Linear Measurement, in: M- Jansen/G. Urban (Hrsg.), Reports on Field Work Carried out at Mohenjo-Daro, Interim Reports Vol. 1, 201-205, (Aachen/Roma 1984).

Salomon 1998: R. Salomon, Indian Epigraphy (New York/Oxford 1998).

Sarton 1936: G. Sarton, A Hindu decimal ruler of the third millennium, in: Isis, Vol. XXV/2, 323-326 (Chicago 1936).

Subbarayappa 1996: B. V. Subbarayappa, Indus Script: Its Nature And Structure (Madras 1996).

Vats 1940: M. S. Vats, Excavations at Harappā – Being an Account at Harappā carried out between the years 1920-21 and 1933-34, Vol. I/Text, Vol. II/Plates (Delhi 1940)

Wells 2011: B. K. Wells, Epigraphic Approaches to Indus Writing (Oxford/Oakville 2011).

2015; B. K. Wells, The Archaeology and Epigraphy of Indus Writing, with technical appendices by Andreas Fuls (Oxford 2015).

Wheeler 1968: M. Wheeler, The Indus Civilization (Cambridge 1968).

Zide 1979: A. R. K. Zide, A Brief Survey of Work to Date on the Indus Script, in: Possehl 1979, 256-260 (Durham, North Carolina 1979).

Zide/Zvelebil 1976: A. R. K. Zide/K. V. Zvelebil (Hrsg.), The Soviet decipherment of the Indus Valley Script, Translation and Critique (The Hague 1976).

Zvelebil 1977: K. V. Zvelebil, A Sketch of comparative Dravidian Morphology, Part One (The Hague/Paris/New York 1977).

1985: K. V. Zvelebil, Recent attempts at the decipherment of the Indus Valley script and language (1965-80): a critique, in Noboru Karashima (Hrsg.), Indus Valley to Mekong Delta: Explorations in epigraphy, 151-87, (Madras 1985).

1990: K. V. Zvelebil, Dravidian Linguistics - an Introduction (Pondicherry 1990).

ZUSAMMENFASSUNG

Zahlensystem der Induskultur - eine Hypothese

Trotz zahlreicher Bemühungen konnte bis jetzt die Frage des Zahlensystems der Induskultur nicht geklärt werden. Die Meinungen der Forscher gehen darüber auseinander, ob das System dezimal oder oktal war. Bei der Lektüre der bisherigen Veröffentlichungen wird außerdem der Eindruck gewonnen, dass darin zwar einige aufschlussreiche Gesichtspunkte enthalten sind, unbefriedigend bleibt aber die Tatsache, dass keiner der Vorschläge zur Lösung des Problems einen in sich schlüssigen Ansatz bietet, an dem die Forschungsarbeit weitergeführt werden kann. Die jüngsten Publikationen von Bryan K. Wells machen eine Ausnahme. Er ist der einzige Forscher, der auf die Möglichkeit des Zahlensystems der Induskultur mit dem Stellenwert (positional numerals) aufmerksam gemacht hat, auch wenn sein Vorschlag nicht unproblematisch bleibt. Die Überlegungen des Verfassers der vorliegenden Arbeit stützten sich auf die Befunde der Arbeit über die Induszahlen von Wells.

Die Untersuchung führt zu dem Ergebnis, dass die Zahlzeichen der Induskultur ursprünglich ausschließlich mit kurzen und langen Strichen gebildet worden waren. Dabei gab es für 10 ein Zeichen mit zehn kurzen Strichen und für 12 ein Zeichen mit zwölf kurzen Strichen. Das Zahlensystem war weder oktal, noch dezimal, es gab lediglich an den Rangschwellen einen langen Strich für 100 (I) und ein zusammengesetztes Zeichen aus einem vertikalen und einem horizontalen Strich (T) für 1000. *Das System könnte als „**centesimal**" bezeichnet werden.* Im Laufe der Zeit stieß man zwangsläufig auf Schwierigkeiten, wenn man die Zahlen mit größerer Anzahl von Strichen wiedergeben wollte. Man konnte zwar mit einem additiven bzw. mit einem multiplikativ-additiven Verfahren Zahlen über Hundert und Tausend mit Strichen darstellen, schwierig blieb aber der Bereich unter Hundert. So war es z. B. kaum praktikabel, eine Zahl „sechsundsiebzig" mit 76 kurzen Strichen zu schreiben. Irgendwann kam man auf die Ideen, das Zeichen ∩ für 10 und das Zeichen ❭ als eine Variante von 10 einzuführen. So wandelte sich das centesimale Zahlensystem zu einem dezimalen System. Nun konnten die Zahl 76 bequem mit 7 ∩ und 6 kleinen Strichen additiv und die Zahl 12 mit dem Zahlzeichen ❭II ebenfalls additiv wiedergegeben werden. Die späteren Zahlzeichen von 10 und 12 mit den kurzen Strichen, von denen 10 selten und 12 häufig weiterhin als Varianten verwendet worden waren, sind die Relikte eines alten Systems.

ABSTRACT

Numeral system of Indus-civilization - a hypothesis
In spite of numerous efforts the numeral-system of the Indus-civilization could not be clarified so far. The opinions of the researchers differ, whether the system was decimal or octal. The impression gained at the reading of the hitherto existing publications that there are indeed some revealing aspects in them. The fact remains however unsatisfactory that none of the suggestions offers a solution of the problem in such a logical basic approach, at which the research can be continued. The recent publications of Bryan K. Wells are an exception, he is the only author, who has mentioned the possibility of the numeral-system of the Indus-civilization with the place value (positional numerals), even if his suggestion doesn't remain unproblematic.

The considerations of the author of this publication were based on the results of the research works of Wells on the Indus-numerals.The investigation leads to the conclusion that the originally numeral-system of the Indus-civilization had been formed exclusively with short and long strokes. There were a sign for 10 with ten short strokes and a sign for 12 with twelve short strokes. The numeral-system was neither octal, nor decimal; there were at the changing-points one long stroke (I) for 100 and a combination of sign out of a vertical und a horizontal stroke for 1000 (T). *The system could be called "**centesimal**".* In the course of time the Indus-writer came inevitable upon difficulties, if he has to write larger numerals with strokes. He could have used strokes and a method such as additive resp. multiplikativ-additive in order to write the numerals over hundred and thousand, difficult remained however the area below hundred, where it was hardly practicable to write a number such as "sixty-seven" with 76 short strokes. Later someone had the idea to introduce the sign ∩ for 10 and the sign ❭ as a variant of it. In this way the centesimal system turned finally into a decimal system. Now, the number 76 could be written additive easily with 7 ∩ and 6 short strokes; also the number 12 likewise additive with the numeral-sign❭II. The numbers 10 and 12 with short strokes used as variants are relics of an old system, of which 10 seldom and 12 frequently had been used still in the letter period.

FORTSETZUNG

Im Abschnitt **Rückblick** der 1. Auflage werden die Ansichten von Steve Farmer, Richard Sproat und Michael Witze über die Induszeichen kurz referiert. Es empfiehlt sich, auf ihre Auffassungen näher einzugehen, da sie sich auch über die Verwendung der Zahlen geäußert haben, bevor die Induszahlen hier weiter behandelt werden sollen. Auch soll die Bedeutung der Zeichen der Induskultur darauf hin erörtert werden, ob „die Symbol-These" von Farmer *et al* einer Nachprüfung standhält. Abschließend bemüht sich der Verfasser zu erkennen, inwieweit aufgrund der Befunde dieser Untersuchung eine Inschrift der Induskultur übersetzt werden kann.

INDUSZEICHEN NACH FARMER *et al*

Farmer *et al* haben ihre Überlegungen über die Induszeichen eingehend dargelegt; um das Wesentliche ihrer Gedanken nachzuvollziehen, sollen hier einige Gesichtspunkte aus ihren Äußerungen genannt werden.[183] Sie machen darauf aufmerksam, dass die Archäologen seit Langem der Ansicht sind, dass das Industal eines der vier Zentren der lese- und schreibkundigen Völker der antiken Welt war. Dabei gehen sie davon aus, dass lange Texte in der Induskultur auf vergänglichen Stoffen geschrieben worden waren. Nach Farmer *et al* kann jedoch die These über die verlorenen Manuskripte nicht aufrechterhalten werden. Aus allen antiken Kulturen, in denen der Gebrauch der Schrift üblich war, seien Belege wie lange Texte, Schreibutensilien, Darstellungen von Schreibern, usw. bekannt geworden, auch wenn von ihnen die Schrift auf vergänglichen Materialen nicht erhalten ist. Dazu zählt z. B. auch die frühere Phase Mesopotamiens, in der die Schrift auf Tontafeln nicht jedoch auf vergänglichen Stoffen zutage getreten ist. Ergebnisse der jüngsten Ausgrabungen sollen nun darauf hindeuten, dass sich die Zeichen der Induskultur nicht einmal zur Schrift einer gesprochenen Sprache bzw. zur Protoschrift entwickeln konnten, nachdem sie mindestens 600 Jahre verwendet worden waren. Die Induszeichen sollen eher eigentümliche Symbole sein, die stets mit einer Anzahl von wenigen Zeichen dargestellt werden.[184]

Farmer *et al* gehen davon aus, dass die Bevölkerung der Induskultur multilingual war, und legen dar, wie die Symbolsysteme des Nahen Ostens dazu dienten, religiöse, politische und soziale Funktionen zu erfüllen, ohne sie als eine Schrift einer gesprochenen Sprache zu betrachten. Beim Fehlen einer echten Schrift in der Induskultur könnten Symbole, die von allen Schichten der Bevölkerung leicht verstanden werden konnten, eine kohärente Kraft gewesen

---

[183] Weitere Gesichtspunkte, die hier nicht berücksichtigt werden, s. Farmer *et al* 2004, s. auch hier Fußnote 211, scharfe Kritik und entschiedene Ablehnung der Ansichten von Farmer *et al* s. Vidale 2007.

[184] Asho Parpola hat sich mit den Auffassungen von Farmer *et al* auseinandergesetzt. Die Basis einer Schrift-These bildet die Strukturanalyse der Zeichen, die Schwäche der Betrachtungen von Farmer *et al* besteht darin, dass sie über diesen Sachverhalt überhaupt nicht reflektieren, so erwidert Asko Parpola Farmer *et al*: "But the most important characteristic of the Indus texts from the point of view of speech-encoding becomes evident if we do not limit the observation of sign repetition to single inscriptions as Farmer and his colleagues do. The fact is that Indus signs form a very large number of regularly repeated sequences…. If the Indus signs are just non-linguistic symbols as Farmer and his colleagues maintain, for what reason are they always written in a definite order, and how did the Indus people in so many different places know in which order the symbols had to be written? Did they keep separate list to check the order? And one should note that there are hundreds of regular sequences that occur several times in the text… The Indus signs do not occur haphazardly but follow strict rules. Some signs are usually limited to the end of the text, and even when such a sign occurs in the middle of an inscription, it usually ends a recurring sequence. Some other signs are limited to the beginning of the text, but may under certain conditions appear also in other positions (2008, 123f)."

sein, um eine multilinguale, räumlich weit ansässige Bevölkerung zusammenzuhalten. Es sei über die Errungenschaften der lese- und schreibkundigen Völker anderer antiken Kulturen sehr viel bekannt. Die Induskultur biete eine einmalige Möglichkeit, hohe kulturelle Leistungen eines nicht lese- und schreibkundigen Volkes zu verstehen. Dabei können aufgrund statistischer Studien solcher nicht linguistischen Symbole Einblicke in religiöse, mythologische und politische Entwicklungen der Induskultur besser verstanden werden.[185]

2004 fasste Farmer während einer Tagung der Harvard-Universität über die Induskultur die Ergebnisse der Untersuchungen der Forschergruppe in acht Punkten zusammen:[186]

1. Die Induszeichen hatten symbolischen und mythologischen Charakter, nicht jedoch linguistischen.
2. Wie andere nichtlinguistische Symbole hatten sie jeweils nicht eine, sondern mehrfache Bedeutung.
3. Die ältesten und oft verwendeten Induszeichen zeigen sich in landwirtschaftlicher Magie, in ritualen Handlungen und nicht im Zusammenhang mit Rechungswesen, wie es in Mesopotamien oder in Iran der Fall war.
4. Wir finden sowohl männliche, als auch weibliche Darstellungen in landwirtschaftlicher Mythologie, jedoch herrschen männliche Figuren in zeichnerischen Wiedergaben der (symbolischen) Eintragungen vor.
5. Viele der Mythologien der Induskultur betrafen anscheinend öffentliche Rituale - sie hatten Massenproduktion von (symbolischen) Eintragungen zur Folge - und Opfer vor einem heiligen Baum. Die Verwendung der Eintragungen (der Symbole) der Induskultur deutet eine Art gemeinschaftlicher Unterweisungen an.
6. Massenproduktion von Zeichen auf kleinen Specksteinen, Terrakotta-Figuren und Fayencen könnte bei Opferritualen in den synodischen Monaten („sacrificial tithe system") verwendet worden sein.
7. Später wurden sowohl graphische Wiedergaben der Symbole, als auch mythische Darstellungen im hohen Grad standardisiert, was sich auf das Zusammenleben der Bevölkerung zumindest in der reifen Phase der Induskultur positiv auswirkte.
8. Man findet erstaunlich wenig Darstellungen von mythologischen Inhalten oder von Ikonografien in allen Perioden der Induskultur und dann auf einmal viele, unmittelbar bevor das Symbolsystem der Induskultur unter Einflüssen von Zentralasien (BMAC) verschwand.[187]

---

[185] Parpola bestreitet die Ansicht von Farmer *et al*, dass allein eine statistische Betrachtung der Symbole eher geeignet sei, die Induskultur besser zu verstehen: "… I honestly cannot understand how the hypothesis that the Indus signs are non-linguistic symbols helps us to understand the Indus Civilization much better than the hypothesis that the Indus script is a logo-syllabic writing system. In a logo-syllabic script the signs may denote what they depict, or they may be used as rebuses. Before we can even start pondering their use as rebuses, we must clear up their iconic meaning. This necessary first step is identical with the efforts of Famer and others to understand the Indus symbols as pictograms. As an example of my own efforts to understand the pictorial shapes of the Indus signs, I would like to mention my interpretation of one particular sign as depicting the palm squirrel (Parpola 1994: 103 with fig. 7.1): the sign clearly represents an animal head downwards, tail raised up and four legs attached to a vertical stroke representing tree trunk. The palm squirrel spends long times in this pose, wherefore it is called in Sanskrit 'tree-sleeper'. In seal texts, the sign is more likely to have been used as a rebus rather than in its iconic meaning (for my interpretation see Parpola 1994: 229-230). Could the non-linguistic approach of Farmer and his colleagues offer a better explanation for the meaning of this sign? (2008, 127f).

[186] Farmer 2004a.
[187] BMAC: Bactria-Margiana Archaeological Complex.

VERWENDUNG DER INDUSZAHLEN

Die Eigentümlichkeiten der Zahlen bestehen darin, dass sie als Homophon verwendet werden können (z. B. „coffee 2 go"), sie können symbolische bzw. magische Bedeutung haben. Es kommt auch der Gebrauch der Zahlen als „polyvalent" vor (s. unten). Solche Verwendungen der Zahlen - mit Ausnahme von polyvalentem Gebrauch - sind nicht von einem Zahlensystem abhängig, so kann eine Zahl homophon sein oder symbolische bzw. magische Bedeutung haben, unabhängig davon, ob sie dabei die Basis 10 oder 60 bildet. Dagegen können sich die Zahlzeichen beim polyvalenten Gebrauch auf unterschiedliche Systeme beziehen, z. B. die Ziffer 1 des heutigen Zahlensystems besteht auf der Basis 10, die gleiche Ziffer 1 bei der Zeitbestimmung hat die Basis 60. Die divergierenden Verwendungen ergeben sich in diesen Fällen dadurch, dass die Ursprünge der beiden Systeme auf unterschiedliche Quellen zurückgehen.

Farmer *et al* gehen zwar davon aus, dass in den Zeichen der Induskultur die Zahlzeichen enthalten sind, lehnen jedoch ihre Verwendung als Homophone ab. Die Zahlen sollen unterschiedlich benutzt worden sein, so seien die Zahlzeichen zusammen mit den Zeichen der Opfergefäße zweifellos Zahlen (Weiteres s. unten). Bei übrigen Objekten handelt es sich gemäß ihren oben dargelegten Überlegungen um Symbole. Dazu werden zwei Funde als Beispiele angeführt. Bei einem geht es um einen Abdruck eines Siegels aus Kalibagan (K-59, hier **Abb. 11**). Farner *et al* bemerken dazu: „One of many anomalies in supposed number signs is illustrated in K-59a (a modern impression of a seal). In the inscription, three signs usually assumed to stand for the numerical modifiers 5, 3, and 1 all show up in front of the 'Bow' sign - or, worse, *after* it, if we accept the old view that inscriptions were 'read' right to left."[188] Dass die Zahlzeichen vor einem Objekt abgebildet werden, ist nicht ungewöhnlich, es gibt zahlreiche Belege dafür, dass die Zahlzeichen vor oder nach einem Opfergefäß erscheinen (**Tab. 12, 15**). Es scheint, dass bei der Platzierung der Zahlzeichen in der Induskultur eine eigene Konvention herrschte. Es ist sogar denkbar, dass Zahlzeichen in ein und derselben Gruppe von Zeichen unterschiedlich eingesetzt werden, so z. B. Zahlzeichen mal vor, mal nach einem Nichtzahlzeichen. Farmer *et al* machen zwischen den kurzen und den langen Strichen keinen Unterschied. Dagegen ist nach der Hypothese ein langer Strich als 100 aufzufassen, und das Zahlensystem soll additiv sein, also 100 + 3 + 5 = 108 (bei der additiven Verwendung spielt die Leserichtung der Zahlzeichen keine Rolle). Möglicherweise geht es hier um eine Anzahl von 108 Waffen, dargelegt mit dem Zeichen „Pfeil und Bogen".

Abb.11:Zahlzeichen mit dem Zeichen „Pfeil und Bogen". (Siegel, K-59)

Bei dem zweiten Fall handelt es sich um ein Siegel ebenfalls aus Kalibagan (K-49). Darauf befinden sich die Darstellungen eines auf einem Baum sitzenden Menschen und darunter eines auf dem Boden stehenden Tigers (**Abb. 12**). Dieser wendet seinen Kopf in die Richtung des Menschen. Auf den ersten Blick lässt sich eine gewisse Ähnlichkeit mit dem Flachrelief aus Mohenjo-daro erkennen, das bereits oben behandelt worden ist (**Abb. 7**). Bei der genauen Betrachtung in einer zeichnerischen Wiedergabe des Fundes findet man jedoch, dass in den beiden Szenen sehr unterschiedliche Botschaften enthalten sind. In **Abb. 7** streckt ein auf dem Baum sitzender Mensch eine Hand in Richtung des Tigers aus, offensichtlich bezieht sich diese Geste auf das Tier. Ganz anders ist die Darstellung in **Abb. 12**, der Tiger ist gefesselt

---

[188] Farmer 2004b, 54.

und an der Leine gehalten.[189] Bezeichnend ist die Handhaltung des Menschen, eine Hand wird lässig herunter und die andere Hand in Richtung eines Lastenträgers gehalten. Dabei werden hinter der Handfläche sieben Punkte und vor der Handfläche drei Punkte angebracht. Diese Punkte sind sicherlich Zahlzeichen und könnten mit dem Lastenträger in irgendeiner Beziehung stehen. Farmer *et al* deuten die Punkte zwar ebenfalls als Zahlzeichen, sie sollen aber Symbole sein und gelesen werden als „Die Sieben" und „Die Drei".[190] Es wird darauf hingewiesen, dass die Sieben auf den Darstellungen der Funde häufig und auch in unterschiedlichen Zusammenhängen abgebildet wird.

Abb. 13: Baumgöttin umgeben von Blättern als ihr Attribut, eine weibliche Figur kniet nieder und bringt der Göttin ein Herz als Opfer dar, hinter ihr ein Tier mit der Maske eines menschlichen Gesichts, unten sieben in einer Reihe stehenden Personen. (Siegel, M-1186)

Abb. 12: Auf einem Baum sitzender Mensch und ein auf dem Boden stehender Tiger. Der Tiger ist gefesselt, an der Leine gehalten und wendet seinen Kopf in die Richtung des Menschen. Eine Hand des Menschen streckt sich in die Richtung eines Lastenträgers aus, hinter der Handfläche sieben Punkte und vor der Handfläche drei Punkte. (Siegel, K-49)

Nach der Hypothese sollen die Induszahlen additiv aufgefasst werden, im genannten Fall wäre also 3 + 7 = 10. Nun werden die Punkte nicht nebeneinander, sondern separat - deutlich getrennt - auf zwei Positionen platziert. Vielleicht geschah dies, da nicht genug Platz zur Verfügung stand, sie könnten sich aber eher auf zwei Sachverhalte beziehen. Drei Funde sprechen dafür, dass die Zahl Sieben eine besondere Bedeutung hatte.[191] Aus der Darstellung auf einem Siegel aus Mohenjo-daro lässt sich einiges über religiöse Vorstellungen der Induskultur entnehmen. Darauf werden abgebildet (**Abb. 13**): oben einige Zeichen, darunter die Baumgöttin umgeben von Blättern als ihr Attribut, eine Person, nach der Haartracht eine weibliche Figur - wohl eine Priesterin - die sich niederkniet und der Göttin ein Herz als Opfer darbringt, sowie ein Tier, das auf dem Gesicht eine menschliche Maske trägt.[192] Unten erscheinen ein Viereck mit ei-

---

[189] Offensichtlich bezieht sich der Inhalt dieser Darstellung auf eine Mythologie (s. unten, S. 64), wenn das Tier auf **Abb. 12** gefesselt an der Leine gehalten wird, könnte es als ein Gebilde der Fantasie betrachtet werden. Dennoch erhebt sich die Frage, ob die Darstellung eines gefesselten Tigers doch einer reellen Gegebenheit entsprach und in diesem Fall, was mit ihm geschah (vgl. hierzu **Abb. 14**).

[190] Farmer 2004b, 56f.

[191] CISI-1, M-442, H-97, CISI-2, M-1186 (farbige Aufnahme s. CISI-3, S.425).

[192] Mehrfach belegt ist das Tier mit einer Maske, offensichtlich ein menschliches Gesicht (CISI, M-300, 302, 1177, H-96, s. farbige Aufnahmen in CISI-3, S. 388-390). Benille Priyanka erkennt darin einen Widder mit einem Menschengesicht (1992, 128). Fairservis deutet das Tier als „eine Ziege", was nicht stimmen kann (1992, 206/Sy-23, 238). Denn die Besonderheit der Tierdarstellungen in der Induskultur besteht darin, dass die wesent-

nem senkrechten Strich (möglicherweise auch mit einem waagerechten Strich) und sieben weitere in einer Reihe stehenden Personen, die offensichtlich eine besondere Stellung in der Gesellschaft hatten.[193] Auf dem zweiten Fund, einem Fragment aus Harappa, werden ebenfalls sieben Personen abgebildet, die jeweils die nebenstehende Figur an der Hand halten, so ihre Verbundenheit miteinander zum Ausdruck bringen (H-97, CISI-1, 190). Die symbolische Verwendung „Die Sieben" im Sinne Farmer *et al* kann sich auf diese Figuren beziehen, worauf auch diese Verfasser hingewiesen haben. Die Zahl Drei kann ebenfalls als ein Symbol aufgefasst werden, siehe hierzu **Abb. 14** eines Siegels aus Mohenjo-daro, in der drei Tiger abgebildet werden (M-295). Weiter sind darauf Zeichen erhalten, von denen nur einige noch zu erkennen sind. Es handelt sich um zwei Punkte (Reste eines Zeichens), ein Herz,

Abb. 14: Drei Tiger, in der Mitte ein Objekt ähnlich wie "ein 3-Flügel-Propeller", vielleicht sind die Tiger daran angebunden. Das Zeichen ꓩ könnte ein Symbol für eine Baumgöttin sein (s. unten Text). Die Darstellung von drei Tigern steht möglicherweise im Zusammenhang mit der Verehrung der Baumgöttin. (Siegel, M-295)

eine anthropomorphe Figur, das Zeichen ꓩ, mit der die Baumgöttin gemeint sein könnte (s. unten) und in der unteren Ecke ein Viereck mit einem senkrechten Strich (möglicherweise auch mit einem waagerechten Strich darin). Die Darstellung von drei Tigern kann mit der Verehrung der Baumgöttin im Zusammenhang stehen. Farmer *et al* könnten mit ihrer Deutung der Induszahlen auf dem Fund K-49 als Symbole durchaus Recht haben.

---

lichen Merkmale der Tiere wiedergegeben werden. Das hier dargestellte Gesicht des Tieres weist überhaupt keine Ähnlichkeit mit dem einer Ziege auf, eher handelt es sich um ein Gesicht eines Menschen in der Seitenansicht. Die Deutung „Herz" bezieht sich an dieser Stelle auf einen Fund in der Form eines Prismas mit Flachreliefs auf allen drei Seiten (M-488, CISI-1, 119). Darin werden abgebildet auf Seite A: Elefant, Svastika, „Mensch auf dem Baum und Tiger auf dem Boden", auf Seite B: eine Inschrift und ein Tiger, auf Seite C: Baumgöttin und Priesterin, vor ihr ein Tier und hinter ihr ein Herz auf einem Schemel. Farmer vermutet, dass es sich um einen Kopf eines Menschen handelt (2004b, S.44). Das Objekt ist jedoch auf der farbigen Aufnahme deutlich zu erkennen (s. CISI-3, S.401). Es kann ein Herz eines Tieres sein, ist aber auch nicht ausgeschlossen, dass in der Induskultur Menschenopfer üblich waren und hier ein Herz eines Menschen dargestellt wird, vgl. hierzu H-180, CISI-1, 209 (farbige Aufnahmen siehe CISI-3, 398f, Nr. 76, 83), bei dem es sich um eine Tafel mit Flachbildern und mit identischen Inschriften auf beiden Seiten handelt. Auf einer Fläche werden zwei gegeneinander kämpfende Tiger und eine auf dem Boden liegende Person abgebildet, aus deren Bauch ein Baum wächst. Unzutreffend ist die Anmerkung dazu von Fairservis „Frau gebiert ein Krokodil (1992, 191, 201/Sy-9)", der Baum ist auf der fotografischen Wiedergabe in CISI unschwer zu erkennen. Auf der anderen Fläche wird dargestellt: ein Mann mit einem sichelförmigen Messer in einer Hand und mit einem nicht eindeutig erkennbaren Gegenstand in der anderen Hand. Vor ihm sitzt eine Frau und hält ihre beiden Hände hoch ausgestreckt. Marshall bemerkte dazu: "Evidently, the man is preparing to kill the woman, and it is reasonable to suppose that the scene is intended to portray a human sacrifice..." (1931, 52). Vgl. dagegen die Auslegung der Szene von Fairservis: "A man carrying a spear and curved knife stands before a seated woman uplifted arms and turned out hands give almost a sense of welcome" (1992, 191).

[193] Wegen der langen Haartracht nennt Parpola die Figuren „sieben Frauengestalten" (Parpola 1994, 260f.). Fairservis glaubte in dieser Szene, eine Hochzeit-Zeremonie zu erkennen, und legte die Figuren entsprechend aus (Fairservis 1992, 201/Sy-10, 238).

Auch wenn man aber davon ausgehen wollte, dass die Zahlzeichen hier als Symbole aufgefasst werden sollen, dann bleibt weiterhin noch die Frage offen, welches System den Zahlen der Induskultur zugrunde lag - oktal, dezimal, duodezimal, sexagesimal? Wie oben bereits dargelegt worden ist, sind alle diese Möglichkeiten vorgeschlagen worden, können jedoch nicht das Problem lösen, warum die beiden Zahlzeichen für 10 und 12 mit zehn bzw. mit zwölf Strichen geschrieben werden (s. oben Seite 35-37). Nach der vorgelegten Hypothese war das Induszahlensystem dezimal, das aus einem centesimalen System hervorgegangen war. Die Zahlzeichen 10 und 12 mit zehn bzw. zwölf Strichen sind die Reste eines alten Systems.

Abb.15: Drei Opfergefäße statt eines Gefäßes mit drei Strichen. (Flachbild, H-764)

A	B
H-206A	H-206B
H-211A	H-211B
H-214A	H-214B
H-215A	H-215B
H-219A	H-219B
H-314 A	H-314 B

Tab. 12: A) Inschriften auf einer Seite, B) Opfergefäß mit Zahlzeichen auf der anderen Seite. (Flachbilder).

Wie oben bereits erwähnt, deuten Farmer *et al* die Striche auf einer großen Anzahl von kleinen - bis jetzt nur aus Harappa bekannten - Tafeln aus Speckstein als Zahlen, die zusammen mit Opfergefäßen abgebildet werden (**Tab. 12**). Auf der anderen Seite der Stücke befinden sich Inschriften. Farmer *et al* vermuten, dass es sich um Belege ("vouchers") für die Opfergaben handelte: „One plausible use for these mass-produced pieces that fits all the evidence - including the fact that many duplicates show up in single find spots and their suggestive shapes - their function as 'vouchers' for offerings presented (mandated?) in seasonal communal festivals. The results would be the Indus equivalent of oblation rituals or formal tithes, which provided one common way to effect economic transfers between farmers and political-religious elites in many ancient societies".[194] Dass die Funde bei Opfergaben verwendet worden waren, erhärtet sich auch durch einige darauf angebrachten Darstellungen (**Tab. 13**), es sind die gleichen Motive, die in der Opferdarstellung in **Abb. 7** vorkommen. Bezeichnend ist auch, dass auf diesen kleinen Objekten die Zahlzeichen mit 1 bis 4 Strichen erscheinen, auf einer Darstellung könnten möglicherweise 6 Striche ver-

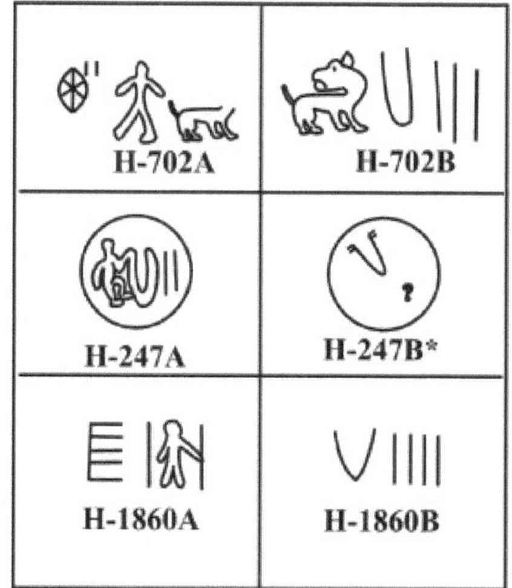

A	B
H-702A	H-702B
H-247A	H-247B*
H-1860A	H-1860B

Tab. 13: Einige Darstellungen weisen die gleichen Motive auf, wie sie in der Opferdarstellung verwendet werden, siehe **Abb. 7**, *vgl. H-248. (Flachbilder)

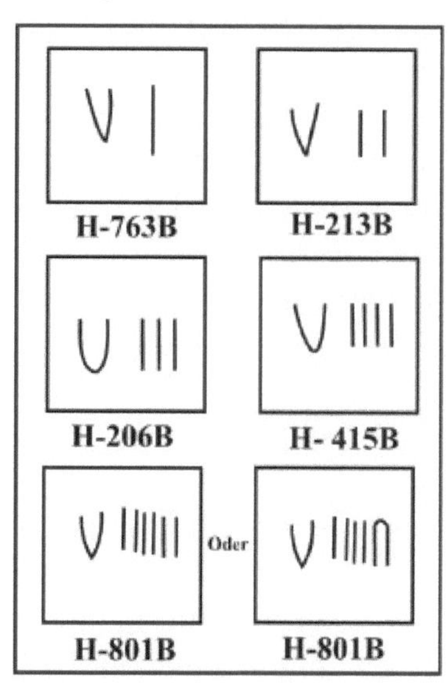

H-763B	H-213B
H-206B	H- 415B
H-801B Oder	H-801B

Tab..14: Opfergefäße (U bzw. V) mit Zahlzeichen 1, 2, 3, 4, 6 (?). (Flachbilder)

---

[194] Farmer 2004a, 32.

wendet worden sein (**Tab. 14**). Die Anzahl der Striche entspricht wohl der Menge, die bei der Opfergabe aufgebracht werden soll. Als Alternative werden statt eines Gefäßes mit drei Strichen auch drei Gefäße verwendet (**Abb. 15**). Ähnliche Staffelung ist auch aus späterer Zeit bekannt, so hatten Opfernde einen Betrag für die Ausführung der Rituale aufzubringen. Dabei wird der Mindestbetrag festgelegt, sonst wird der Betrag, je nach dem Wert des Vermögens, über das der Auftraggeber verfügt, gestaffelt, nämlich das zweifache, dreifache usw. des Mindestbetrages.[195]

ᛖ⇑⋏ III	III ∪
H-789 A	**H-789 B**
ᛖ ∪ ⋏ III	∪ III
H-790 A	**H-790 B**

Tab. 15: Zeichen auf Tafeln, auf einer Seite jeweils drei Striche neben dem Zeichen des Gefäßes (H-789 B, H-790 B), auf der anderen Seite eine Inschrift. Eine der beiden Inschriften enthält drei lange (H-790 A) und die andere sechs kurze (H-789 A) Striche. (Flachbilder)

Es erhebt sich auch die Frage, ob die Striche neben dem Zeichen des Opfergefäßes als lang oder kurz aufgefasst werden sollen. Bei der Beschreibung des Flachbildes in **Abb. 7** hat der Verfasser der vorliegenden Arbeit die vier Striche im Anschluss an der Deutung von Wells als kurz angenommen und ging davon aus, dass sie sich auf vier Opfergefäße bezogen (s. o. S. 59). Nach einer genauen Betrachtung der Funde stellt sich nun heraus, dass diese Auslegung korrigiert werden muss. Dazu werden in **Tab. 15** zwei Beispiele vorgelegt, auf einer Seite der Funde finden sich jeweils drei Striche neben dem Zeichen des Gefäßes, auf der anderen Seite eine Inschrift. Eine der beiden Inschriften enthält drei lange (H-790A) und die andere sechs kurze (H-789A) Striche. Sicherlich hätte der Schreiber die Striche neben dem Gefäß ebenfalls kurz gezeichnet, wenn es auch so gewollt gewesen sein sollte. Nun hat ein langer Strich nach der Hypothese den Wert 100, und wenn die Opfermenge 100 bis 400 bzw. 600 sein soll, dann ist es sehr wahrscheinlich, dass mit dem Zeichen nicht ein konkretes Gefäß, sondern ein Symbol für die Opfergabe gemeint ist - ein Opfergefäß ist also ein Symbol für die Opfergabe. Ein Opfergefäß mit einem langen Strich, mit zwei langen Strichen usw. entspricht der Opfergabe von 100, 200 usw.

Ein weiteres Problem besteht darin, dass nicht zu erkennen ist, ob alle Striche der Induskultur Zahlzeichen sein sollen. Manche meinen, dass viele Zahlen als Homophon verwendet worden waren, andere vermuten, dass ein kurzer Strich und zwei kurze Striche Vokale oder diakritische Zeichen sein könnten. Andere sind wiederum der Auffassung, dass nicht alle Striche der Induszeichen Zahlzeichen seien. Wells hat einen neuen Vorschlag unterbreitet, er spricht von der Polyvalenz der Induszahlen. Dabei beruft er sich auf das Zahlensystem in den Proto-Kuneiform-Texten und hebt den Unterschied zwischen dem Zahlzeichen (numeral) und der Anzahl (number) hervor: „…in Proto-Cuneiform texts the numeral | that normally has a value of 10 when counting discrete objects, takes a value of 18 when used to measure fields, and a value of 6 with dry measures of cereal. Threfore, | is the numeral and 6, 10 and 18 are the numbers it stands for depending on the context (Nissen et al, 1993:131-2)."[196] Wells vertritt die Ansicht, dass ein langer Strich der Induskultur ähnlich polyvalent sein kann. So hat ein langer Strich in dem Zahlensystem sonst den Wert 10, erhält den Wert 40, 4 Liter, wenn er sich auf das Volumen bezieht (s. o. S.18f.). Um seine Auffassung rechnerisch nachzuweisen, hat Wells 4 Töpfe in Betracht gezogen (K-90, H-370, H-371, H-372). An 3 Töpfen soll sich jeweils ein V-Zeichen finden, das als ein Zeichen für die Maßeinheit für Volumen verstanden wird (K-90, H-371, H-372). Nun ist Wells ein Fehler unterlaufen, der Topf H-371 weist nämlich kein V-Zeichen auf, sondern 6 senkrechte Striche und einen schrägen Strich.[197] Wells hat

---

[195] Das Gupta, 2013, 13, Fußnote 57.
[196] Wells 2015, 66f.
[197] Wells 2015, 59-62.

versehentlich die letzen beiden Striche als ein V-Zeichen aufgefasst, an dem Topf sind also nicht 6 Striche, sondern 7 bzw. 8 Striche, wenn der schräge Strich auch mitgezählt wird (**Abb. 1**).[198] Der Fehler beeinträchtigt das Ergebnis der Berechnung, so ist es noch nicht erwiesen, dass ein langer Strich im Bezug auf Volumen einen Wert 40, 4 Liter hat.

Um nachzuweisen, dass ein langer Strich im Zahlensystem sonst den Wert 10 hat, betrachtet Wells einen Fund, bei dem es sich um ein Fragment eines Topfes aus Mohenjo-daro mit dem Abdruck eines Siegels handelt. Darauf befinden sich eine Darstellung eines Tieres und einige Zeichen einer Inschrift, die sehr schlecht erhalten sind. Wells legt folgende Rekonstruktion der Inschrift vor:[199]

Er geht davon aus, dass sich die Inschrift auf den Inhalt des Topfes bezieht und der lange Strich den Wert 10 hat. Die 7 kurzen Striche mit einem langen Strich ergeben sich 10 + 7 = 17. Um die Bedeutung dieser Striche auf dem Fragment zu erkennen, bedarf es näherer Betrachtung des Fundes.

In den Jahren 1983-1988 wurde an der technischen Hochschule von Aachen mit der Unterstützung der DFG ein deutsch-italienisches Forschungsprojekt über die Induskultur mit dem Schwerpunkt Mohenjo-daro ausgeführt. Die Ergebnisse der Arbeit werden von Michael Jansen/Günter Urban veröffentlicht.[200] Im ersten Band der Publikation findet sich ein Bericht über einige Funde von Mustafa A. Halin/Massimo Vidale, darunter auch das erwähnte Fragment mit der Inschrift.[201] Die Ergebnisse der Untersuchung lassen sich in folgendem Punkten zusammenfassen:

1. Die Ausgrabung hat 8 Töpfe A-H zutage gefördert,
1. in und um den Topf G befanden sich Fragmente der Terrakotta-Ringe,
2. in Topf E waren - außer Schlamm und Staub - zwei Fragmente von Ringen, ein Fragment des Deckels und Abdrücke von Ringen an der Innenwand,
3. zwei Inschriften wurden auf dem Topf E angedruckt, eine davon ist auf der Fotografie der Publikation nicht zu sehen, nach dem Ausgrabungsbericht soll ein und dasselbe Siegel bei den beiden Inschriften verwendet worden sein,
4. die Töpfe E und F weisen Anzeichen von Überhitzung auf,
5. der Topf E ließ sich zeichnerisch rekonstruieren, darin ist Platz für ca. 29 Ringe vorhanden,
6. keiner der anderen Töpfe ist mit einer Inschrift versehen.

Wells hält es für wahrscheinlich, dass 17 Ringe im Topf E mit der Inschrift enthalten sein könnten. Nun kann die Frage nicht außer Acht gelassen werden, ob sich die Zahlzeichen überhaupt auf den Inhalt des Topfes beziehen können.[202] Marshall hatte in seiner Betrachtung der Induszahlen schon damals auf solche Problematik aufmerksam gemacht. Seine Argumente waren: die Inschrift wurde mit einem vorgefertigten Siegel aus Speckstein in die Wand des Gefäßes eingedrückt. In der Praxis sei die Anzahl der Stücke sicherlich unterschiedlich gewe-

---

[198] Wells 2015, 60.
[199] Wells 2015, 95, * Zeichen deutet auf eine Rekonstruktion hin.
[200] Jansen/Urban 1983.
[201] Siehe auch Vidale 1987, 221, Ab. 194; Kenoyer, 1988, 75, Fig. 4.16.
[202] Siehe Fuls 2012, 110-113.

sen, warum sollte man ein dauerhaftes Siegel mit Zahlzeichen dafür angefertigt haben? Marshall ging davon aus, dass die Zahlzeichen überhaupt nichts mit Zahlen zu tun hatten, sie hatten eher eine andere wohl phonetische Bedeutung. Der von Marshall vorgebrachte Einwand könnte zwar auch im vorliegenden Fall gelten. Wenn aber angenommen wird, dass sich die Inschrift, damit auch die Zahlzeichen doch auf den Topf E beziehen, dann erhebt sich die Frage, warum die anderen Töpfe keine Inschrift mit Zahlzeichen aufweisen. Das Problem kann zum derzeitigen Stand der Forschung nicht gelöst werden, eine mögliche Erklärung wäre, dass die Inschrift sich nicht allein auf den Topf E bezog, sondern auf eine Serie von Töpfen. Die Art der Information war derart, dass es genügte, sie auf einen einzigen Topf einzutragen. Vielleicht wurde es standardisiert, wie viele Stücke insgesamt in einem Arbeitsgang angefertigt werden sollten. Entsprechend wurde auch ein Siegel vorgefertigt.

Natürlich müssen alle Möglichkeiten ausgeschöpft werden, um das Induszahlensystem zu klären. Es ist zu begrüßen, dass Wells zur Lösung des Problems einen neuen Gesichtspunkt zur Sprache bringt. Um jedoch die polyvalente Verwendung der Induszahlen nachzuweisen, bedarf es noch überzeugendere Belege. Es spricht eher einiges dafür, dass nicht alle Striche der Induszeichen Zahlzeichen sein können. Es gibt z. B. keinen Sinn, wenn zwei lange Striche jeweils vor und nach einer anthropomorphen Figur als Zahlzeichen aufgefasst werden, sie weisen wohl auf irgendeine Tätigkeit der Figur hin (s. **Abb. 7, 8**), aber welche, die Frage bleibt noch offen. Ob schließlich die Polyvalenz in dem Sinne, dass ein und dasselbe Induszeichen unterschiedliche Bedeutung haben könnte - wie es von Andreas Fuls vorgeschlagen wird - ist eine völlig andere Frage.[203] Hierfür müssen die Bedeutungen der Zeichen bekannt sein, „die unmittelbare" Bedeutung ist zwar in vielen Fällen leicht zu erkennen, nicht jedoch die „übertragene" Bedeutung, wie unten gleich zu erkennen sein wird.

DARSTELUNG UND BEDEUTUNG DER INDUSZEICHEN

Farmer *et al* und Parpola haben ihre unterschiedlichen Ansichten über die Induszeichen ausführlich erörtert (s. o.). In diesem Abschnitt geht es darum, der Frage nachzugehen, ob die Zeichen der Induskultur Symbole im Sinne Farmer *et al* sein sollen, oder als eine Schrift nach Parpola aufzufassen seien, oder ob es eine andere Lösung des Problems gibt. Zu diesem Zweck werden der Untersuchung zwei Kategorien zugrunde gelegt, nämlich die „Darstellung" und die „Bedeutung" der Induszeichen. Es wird ferner zwischen der „unmittelbaren" und „der übertragenen" Bedeutung unterschieden. Betrachtet man die Zeichen der Induskultur, dann stellt man fest, dass sich die Darstellung in vielen Fällen unschwer erkennen lässt, z. B. folgendes Zeichen (M-360, CISI-1, 90):

Nach genauerem Hinsehen kommt man schnell darauf, dass mit diesem Zeichen eine anthropomorphe Figur dargestellt werden soll. Die Bedeutung des Zeichens ist sonst nicht so leicht zu erkennen, mit diesem kann „ein stehender Mensch" oder irgendein Sachverhalt gemeint sein, der sich auf Menschen bezieht. Wenn in einem Zeichen nicht die unmittelbare, sondern die übertragene Bedeutung enthalten ist, steht uns die Bezeichnung „Symbol" zur Verfügung - so kann das Zeichen als „ein Symbol X" bezeichnet werden, unabhängig davon, ob es sich um

---

[203] Fuls 2015, 121, 132, 140.

einen stehenden Menschen oder um sonst noch etwas anderes handelt. Nun ist das folgende
Zeichen zu betrachten (M-201, CISI-1, 54):

Was die Darstellung anbelangt, kann man sehen, dass dem Symbol X ein weiteres Zeichen
hinzugefügt worden ist. Die unmittelbare Bedeutung dieses zweiten Zeichens ist ein Objekt,
mit dem schwere Gegenstände über der Schulter leichter transportiert werden können. Es ist
aus späterer Zeit bekannt, dass mit einer ähnlichen Vorrichtung Wasserversorgung vorge-
nommen wird. In dem Induszeichen ist jedoch nicht zu erkennen, was damit transportiert
wird. Es kann auch mit dem Zeichen eine schwierige Tätigkeit dargestellt sein, und das zu-
sammengesetzte Zeichen kann lediglich als „ein Lastenträger" bezeichnet werden. Damit wä-
re die unmittelbare Bedeutung dieses Zeichens „ein Lastenträger". Die übertragene Bedeutung
bleibt aber unbekannt, und das Zeichen kann „ein Symbol Y" genannt werden. Dieses Symbol
wird um ein weiteres Zeichen erweitert (M-80, CISI-1, 34):

Das neue Zeichen ist zusammengesetzt aus einem U-Zeichen und vier waagerechten Strichen
darauf. Weder die unmittelbare, noch die übertragene Bedeutung dieses Zeichens ist bisher
bekannt geworden, und es handelt sich also um ein neues Symbol, „ein Symbol Z", übrigens
ein wichtiges Symbol, wie unten noch zu erkennen sein wird. Das zusammengesetzte Zeichen
besteht aus den Symbolen Y und Z. Nun ändert sich der Sachverhalt bei dem nächsten Schritt,
dazu die folgenden Zeichen:

Es sind zwei ähnliche Funde aus Mohenjo-daro in der Form eines Prismas bekannt (M-494,
495, CISI-1, 121f). Jeweils auf einer Seite der beiden Funde finden sich die hier wiedergege-
ben neun Zeichen, darunter, dreimal das Symbol „Opfergefäß", das Symbol Y und das Sym-
bol Z. Das ist gewiss, dass die übrigen vier Zeichen ebenfalls Symbole sind. Farmer *et al* ha-
ben Recht, wenn sie in den Induszeichen Symbole bzw. Piktogramme zu erkennen glauben.
Michael Witzel, einer der Mitverfasser von Farmer bemerkt: „Leider ist man nicht weit im
Verständnis der Indus-Zeichen vorgedrungen; es fehlen ‚bilinguale' Zeugnisse, falls es sich
überhaupt um die ‚schriftliche' Darstellung einer Sprache und nicht eher um damals allge-
mein verständliche Bildzeichen handeln sollte."[204] Dabei übersehen diese Verfasser allerdings
einen entscheidenden Sachverhalt, durch das Aneinanderreihen der Symbole entsteht eine
übergeordnete Bedeutung der Darstellung - betrachtet man nur jedes einzelne Symbol für sich
allein, dann entgeht ihm der Sinn, der sich durch die Zusammenstellung einer Reihe von
Symbolen ergibt. Man könnte meinen, dass die Darstellung eine ästhetische Bedeutung habe,
lediglich ein Verzierungsmotiv sei und möglicherweise sonst überhaupt keine übergeordnete
Bedeutung habe. Gegen diese Auffassung spricht, dass die Symbole auf Siegeln verwendet
werden. Die Funktion eines Siegels besteht darin, dass eine Botschaft graphisch festgelegt
wird. Damit sie auch von Eingeweihten verstanden werden kann, müssen die Symbole nach
einem Ordnungsprinzip gestaltet werden. Wie kann eine solche Darstellung mit der sinnvollen

---

[204] Witzel 2010, 21.

59

Zusammensetzung der Symbole benannt werden? Eine adäquate Bezeichnung hierfür wäre eben „Schrift", denn eine Schrift ist letztlich nichts anders als eine sinnvolle Zusammensetzung von Symbolen. Parpola hat Recht, wenn er in den Induszeichen eine Schrift erkennt.

Die Lösung des Problems der Induszeichen lautet also nicht „entweder Symbol, oder Schrift", sondern „sowohl Symbol, als auch Schrift". Die Indusschrift besteht aus Symbolen wie die chinesische Schrift. Die Untersuchungen von Parpola, Jeganathan und Wells bezeugen, dass in der Indusschrift Strukturen vorkommen, auch wenn diese Verfasser methodisch unterschiedlich verfahren und sich über die Beschaffenheit dieser Strukturen nicht einig sind. Es empfiehlt sich in diesem Zusammenhang von einem Symbol zu sprechen, wenn ein Zeichen isoliert betrachtet wird, und von einer Schrift, wenn eine Gruppe von Symbolen gemeint sein soll. Damit werden freilich keine neuen Erkenntnisse gewonnen, nur ist die Verwendung der Bezeichnung „Symbol" im Zusammenhang mit der Indusschrift zurzeit nicht verbindlich. Manche Forscher - so auch Asko Parpola - machen von dem sonst von Philologen verwendeten Begriff Rebus („mit Hilfe von Sachen/Dingen") Gebrauch.[205] Hier wird die von Farmer *et al* eingeführte Bezeichnung „Symbol" vorgezogen. Denkbar wäre schließlich, dass sich das Gestaltungsprinzip der Indusschrift aus Symbolen mit dem der uns bekannten Schriften nicht deckt. Es lassen sich aber durchaus einige Merkmale erkennen, die allgemein in den aus Symbolen bestehenden Schriften vorkommen.

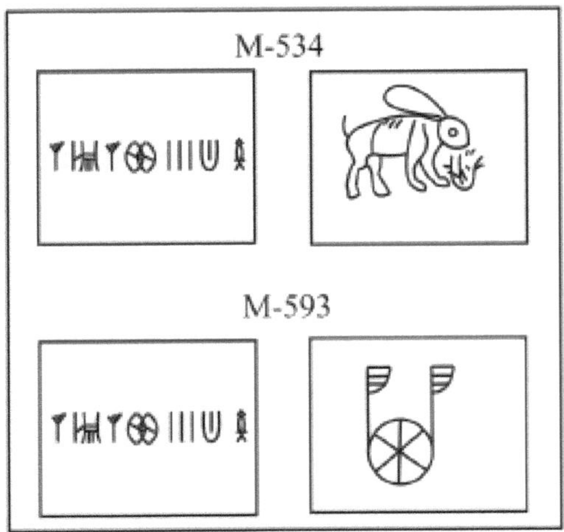

Tab. 16: Darstellungen auf Kupfer-Tafeln aus Mohenjo-daro mit identischer Inschrift auf einer Seite (hier links). Bis auf 2 Stücke weisen alle auf der anderen Seite eine Abbildung eines grasenden Hasen auf (hier rechts oben). Auf der Rückseite der beiden Stücke, die aus dem Rahmen fallen, befindet sich jeweils ein Symbol wie hier rechts unten.

Es ist anzunehmen, dass die Indusschrift nicht eine Erfindung eines Individuums war, und sie entstand sicherlich nicht über Nacht. Ein gemeinsames Merkmal der sumerischen Schrift, der altägyptischen Hieroglyphen und der chinesischen Schrift besteht darin, dass ursprüngliche Piktogramme im Laufe der Zeit vereinfacht wurden bzw. sich veränderten. Es lässt sich nachweisen, dass dies auch in der Indusschrift der Fall war, z. B.: aus Mohenjo-daro ist eine Reihe von Tafeln aus Kupfer mit identischer Inschrift auf einer Seite bekannt.[206] Mit Ausnahme zweier Stücke weisen alle auf der anderen Seite eine Abbildung eines grasenden Hasen auf (**Tab. 16**). Auf der Rückseite der beiden Stücke, die aus dem Rahmen fallen, befindet sich jeweils kein Hase, sondern das Symbol ⊗ . Wells, der das Zeichen philologisch zu deuten versucht, gibt folgende Erklärung hierfür: "If we make the assumption that the root language is in an early (reconstructed proto) from of Dravidian (ca 2000 to 3000 BC), then there are two possible words with the meaning 'hare' *mual/mucal* and *ceviyan*. While several attempts at using *mual/mucal* (DED 4071) remained unproductive, using *ceviyan* (DED 1645a) pro-

---

[205] Die Verwendung des Begriffes „Rebus" s. Kenoyer, 1988, 78f.

[206] M 534-539, M 593, M 541-542, M 1491-1494, M 1495 (?), M 2044.

duced some interesting results.... DED 1645a lists *ceviyan* = 'hare' (Ta/Ma) (**keviyan*, PD).
If ⊗ reads **keviyan*, then its component parts likely read ∪ = **kevi* (ear) and = ⊗ yan."[207]

Das Symbol ∪ könnte also einen Hasen darstellen, wobei das charakteristische Merkmal des Tieres „die beiden Ohren" angedeutet wird. Etwas problematisch bleibt freilich, dass ein „Ohr" nach innen und das andere nach außen abgebildet werden. In dem Fall, dass die Ohren eines Hasen wiedergegeben werden sollten, wäre etwa zu erwarten gewesen, dass die beiden Ohren symmetrisch also nach außen ausgerichtet gezeigt werden. Das Symbol ⊗ erinnert an ein Rad eines Wagens, man denkt dabei an ein sich drehendes Objekt. Mit dem Symbol könnte „grasend" oder „laufend" gemeint sein. Die Funde der Spielzeuge bezeugen zwar, dass ein Wagenrad in der Induskultur bekannt war, es gibt aber keine Belege dafür, dass ein Rad mit Speichen verwendet wurde.[208] Es wäre aber denkbar, dass die Benutzung von solchen Rädern üblich war, Töpfe aus Ton herzustellen. Die „Speichen" könnten dazu gedient haben, das Rad mit Händen bzw. Füßen zu drehen. Allerdings müsste die Verwendung einen solches Rades als Töpferscheibe in der Induskultur noch nachgewiesen werden. Trotz der Schwierigkeiten, die genaue Bedeutung der beiden Symbole zu erkennen, bezeugen doch die Belege, dass die Induszeichner anstatt einer bildlichen Darstellung eines Hasen das Zeichen ⊗ verwendeten, und so verwandelte sich das Bild zu einem Symbol ⊗. Der Fall zeigt zugleich, dass sich das Symbol, besonders ein zusammengesetztes Symbol, soweit verändern kann, dass sich die ihm zugrunde liegenden Gegenstände nicht mehr eindeutig bestimmen lassen.

In den obigen Ausführungen über die Kombination der Symbole Y und Z und über das Symbol „Hase" lässt sich auch die Entwicklung der zusammengesetzten Symbole erkennen. Aus der Darstellung „eines grasenden Hasen" geht hervor, wie aus einem konkreten Gegenstand ein Symbol entstand - die charakteristischen Merkmale des Objektes werden zu einer Kombination aus zwei Symbolen umgestaltet. Die Zusammenfügung der Symbole Y und Z deutet auf einen anderen Ursprung hin. Anfangs ging es wohl darum, für die Einordnung der einzelnen Symbole mehr Platz zu gewinnen. Da die Bedeutungen der Symbole bekannt waren, spielte es zunächst keine Rolle, ob sie nebeneinander, oder übereinander erschienen. Später ergab sich daraus eine feste Kombination.

Ein besonderes Verdienst von Farmer *et al* ist darin zu sehen, dass ein bisher unterschwellig vorhandenes Problem in den Mittelpunkt Ihrer Überlegungen rückt, nämlich weshalb längere Texte in der Indusschrift nicht vorkommen. Das oft behauptete Argument, dass die Schrift auf vergänglichen Stoffen geschrieben worden sein könnte, ist zwar möglich, jedoch kein zwingender Beweis für die Existenz längerer Texte. Die Kaufleute der Induskultur hatten Beziehung zu Mesopotamien, und es ist sehr unwahrscheinlich, dass ihnen die Möglichkeit völlig entging, dass für die Schrift Tontafeln verwendet werden konnten.[209] Es gibt aber noch einen Sachverhalt, der in diesem Zusammenhang berücksichtigt werden muss: für die Schrift lassen sich auch Kupferplatten verwenden. Später hat man in Indien Kupferplatten benutzt, um Schenkungsurkunden anzufertigen.[210] Die Verwendung der Tafeln aus Kupfer für die Inschrift

---

[207] Wells 2015, 85.
[208] Marshall 1931, Vol. III, Pl. CLIV, Nr. 10; Urban/Jansen 1987, 270, C64a.
[209] In Mesopotamien wurden in der Sonne getrocknete Tontafeln verwendet, die gebrannten Tontafeln sind die Folge von Brandkatastrophen.
[210] Das Gupta 2013, 13, Fußnote 57.

war in der Induskultur durchaus üblich, so hätte man ohne weiteres größere Kupferplatten benutzen können, wenn die Notwendigkeit für längere Texte vorhanden gewesen sein sollte.

Warum gab es denn keine längeren Texte? Natürlich kann nicht ausgeschlossen werden, dass eines Tages ein längerer Text doch zu Tage tritt, und das Problem sich selbst erledigt. Bis dahin empfiehlt es sich, davon auszugehen, dass in der Induskultur keine längeren Texte verwendet worden waren und zu versuchen, eine Erklärung hierfür zu finden. Ein Schlüssel zur Lösung des Problems liegt in dem Verwendungszweck der Schriften. Aus anderen Hochkulturen weißt man, dass es längerer Texte bedurfte, um Verträge zu schließen, Nachrichten zu überbringen, Rechnungen zu schreiben, von den glorreichen Unternehmungen eines Herrschers zu berichten, usw. Nichts Derartiges findet sich in der Induskultur. Abgesehen von Zeichen auf Keramiken wurde die Indusschrift auf Siegeln, auf kleinen Tafeln aus Speckstein und auf Kupferplatten verwendet, die Notwendigkeit der längeren Texte mit umfangreichen Informationen war offensichtlich gar nicht vorhanden. So wurde die Indusschrift für einen ganz speziellen Zweck bestimmt, man kann sie etwa mit heutigen Briefmarken bzw. Münzen vergleichen, in denen auch wenige Zeichen, damit auch wenige aber sinnvolle Informationen in einem knappen Platz enthalten sind. Es ist aber auch denkbar, dass die von ihnen konzipierte Gestaltung der Schrift nicht geeignet war, längere Texte abzufassen. Mit dem Untergang der Induskultur war der spezielle Verwendungszweck dieser Schrift nicht mehr gegeben, und sie kam deshalb ganz außer Gebrauch. Nachfolgende Völker wie die vedischen Inder, denen die Verwendung der Schrift völlig fremd war, konnten damit nicht viel anfangen, wenn ihnen die Indusschrift überhaupt begegnet sein sollte.[211]

In einer Hochkultur, die fast tausend Jahre existierte, mussten aber Wissen und Können von einer Generation zu der nächsten Generation auf irgendeine Weise weitergegeben werden. Ein Mittel hierfür ist die Schrift, aber sie ist nicht die einzige Möglichkeit, man brauchte keine Handbücher, um Töpfe und Ziegelsteine herzustellen, Gebäude einzurichten. Praktische Erfahrungen, mündliche Unterweisungen und ebenfalls mündliche Vermittlungen der Informationen an ferne Adressanten mit Boten könnten so effektiv gewesen sein, dass dem Volk die Verwendung der längeren Schrift für andere Zwecke gar nicht in den Sinn kam, eine solche Tradition könnte eine entscheidende Rolle in der Gesellschaft gespielt haben. Es ist jedoch anzunehmen, dass wenigsten diejenigen, die die Siegel und die Tafeln mit der Schrift benutzten, genau wussten, was darauf stand.

Abb. 16: Auf Baum sitzender Mensch, auf Boden stehender Tiger, daneben eine Inschrift, * unsicher. (Siegel, M-1431)

Nun gibt es eine Reihe von Tafeln und auch einige Siegel, auf denen Bilder vorkommen.[212] Man erinnert sich an

---

[211] Allgemein geht man davon aus, dass die Induskultur längst nicht mehr existierte, als die vedischen Inder in der Szene erschienen. Es ist jedoch sehr unwahrscheinlich, dass neue Ankömmlinge einen menschenleeren Raum vorfanden, auch wenn die Verwendung der Indusschrift nicht mehr üblich war. So wäre es nicht ungewöhnlich, wenn gewisse Elemente der Induskultur in späteren Überlieferungen noch erhalten geblieben sein sollten. Ob die Sprache bzw. die Sprachen des Indusvolkes mit den dravidischen Sprachen verwandt waren, ist eine andere Frage. Forscher haben versucht und versuchen noch, Merkmale der dravidischen Sprachen in der Indusschrift zu finden. Nach Farmer *et al* haben alle diese Bemühungen jedoch bis jetzt nichts gebracht, man konnte damit nicht einmal die Bedeutung einer einzigen Indusschrift erkennen bzw. die Inschrift überzeugend übersetzen. Sie fordern Forscher deshalb zum Paradigma-Wechsel auf und bieten hierfür ihre „Symbol-These" an.

[212] M-295, 309, 310, 448, 1181, 1185, 1186, 1425, 1431, 1919, H-176, K-49.

Reliefs der buddhistischen Bauwerke und könnte meinen, dass solche Bilder für die Betrachter gedacht waren, die der Schrift nicht kundig waren. Auf diesen Tafeln und Siegeln werden aber auch oft Inschriften angebracht, die von ihren Herstellern und Benutzern ebenfalls verstanden werden mussten. Nach Farmer *et al* war in dem Gebiet der Induskultur eine Bevölkerung unterschiedlicher Ethnien jeweils mit eigener Sprache ansässig. Diese Verfasser gehen davon aus, dass die Symbole bzw. Piktogramme allgemein verständlich waren, was sich auf die Verständigung und das Zusammenleben in der Gesellschaft günstig auswirkte. Es sind aber die Kombinationen von Symbolen, und damit haben sie eine übergeordnete Bedeutung, die in den einzelnen Symbolen enthalten ist. Wie oben dargelegt, ist eine solche sinnvolle Zusammensetzung der Symbole als eine Schrift aufzufassen, auch wenn sich deren Gestaltung mit den uns bekannten Schriften nicht decken sollte.

Die Lösung des Problems könnten die Inhalte der Darstellungen auf Funden bieten. Es ist zunächst zu klären, zu welchem Zweck die Siegel verwendet worden waren. Anfangs vermutete man, dass die Objekte Amulette gewesen sein könnten, da man seinerzeit noch keine Abdrücke von Siegeln fand. Heute bezeugt eine Reihe von Fragmenten mit den Siegelabdrücken, dass die Funde tatsächlich als Siegel verwendet worden waren. Allgemein geht man davon aus, dass die Siegel wirtschaftliche Bedeutung hatten, eine Auffassung, die durchaus naheliegt (s. hierzu auch unten **OFFENE FRAGE**). Nun kommen nicht nur auf Flachreliefs, sondern auch auf einigen Siegeln religiöse Motive vor. Angesichts dieses Befundes ist zu schließen, dass die Siegel der Induskultur nicht nur wirtschaftliche, sondern auch sakrale Bedeutung hatten. Damit lassen sich die Funde in zwei Gruppen einteilen: 1. Siegel und Siegelabdrücke auf diversen Objekten/Fragmenten, die wohl zum Kennzeichnen von irgendetwas gedacht waren, was dies auch gewesen sein mag, und 2. kleine Tafeln mit Flachbildern und einige Siegel, die religiöse Motive behandeln. Auf den Letzteren zeigen Szenen irgendwelche Handlungen und Ereignisse, die sich nicht mit wenigen Worten im knapp zur Verfügung stehenden Platz auf diesen Objekten wiedergeben lassen (vgl. **Abb. 13, 17**). Hier bedienen sich die Schreiber/Künstler der Induskultur eines anderen Mittels, nämlich die Erzählung mit Bildern. Bei den dazu gehörigen Inschriften handelt es sich um eine kurze Erläuterung oder Ergänzung der

Abb. 17: Ein weibliches Mischwesen aus „Mensch und Tier" greift einen am Kopf mit Baumzweigen geschmückten Tiger von hinten an, hinter dem Mischwesen ein Baum. (Siegel, M-1919)

abgebildeten Szenen. Dies ist sofern von besonderer Bedeutung, da sonst auf den Siegeln die Beziehung zwischen den darin abgebildeten Tierdarstellungen und den Inschriften nicht zu erkennen ist. Damit ergibt sich eine bisher nicht berücksichtigte Quelle zum Verständnis der Indusschrift.

Parpola hat ganz richtig darauf hingewiesen, dass der erste Schritt zur Erforschung der Indusschrift sein sollte, die symbolische Bedeutung eines Zeichens zu erkennen. Er selbst macht zu diesem Zweck von den späteren indischen Sprachen Gebrauch (dravidischen Sprachen und dem Sanskrit).[213] Der Verfasser der vorliegenden Arbeit geht einen anderen Weg, er bemüht sich, ein Symbol anhand der Funde der Induskultur selbst zu deuten. Hierfür eignet sich besonders das Symbol ℧, das oben als „Symbol Z" bezeichnet worden ist.[214] In ihren statistischen Berechnungen der Induszeichen ziehen Wells/Fuls insgesamt 18340 Objekte in Betracht und finden 1785 Belege mit dem Symbol Z, das allein aber auch in Kombination mit anderen Symbolen, d. h. in den Inschriften vorkommt (9,73%).[215] Man gelangt zu einem anderen Ergebnis, wenn man das Symbol Z nur in den Inschriften ins Auge fasst. Mahadevan berücksichtigt 2906 Objekte mit Inschriften und erkennt 1395 Belege für das Symbol Z (48%).[216] Wells legt 3903 Objekte ebenfalls mit Inschriften zugrunde und gewinnt 1696 Belege für das Symbol Z (43%).[217] Aus den beiden Befunden ergibt sich ein Durchschnitt von 45,5%. Was die Häufigkeit anbelangt, steht nach Mahadevan das Symbol Z einsam an der Spitze, das nächst häufig belegte Symbol besteht aus zwei kurzen Strichen (23%) und dem folgt der „Fisch" (10,7%).[218] Aus diesen Belegen lässt sich entnehmen, das Symbol Z in Inschriften von besonderer Bedeutung war, ein Sachverhalt, der von Wells richtig erkannt wird: „As sign 740" - gemeint ist das Symbol Z - „is the most common Indus sign (n = 1696), and therefore its identification is very important to any attempt at decipherment."[219] Es erhebt sich die Frage, welcher konkrete Gegenstand dem Symbol Z zugrunde lag. Es ist zu erwarten, dass dieser Gegenstand ebenso bedeutsam sein könnte und eventuell auch in den bildlichen Darstellungen zu erkennen sein würde.

In bildlichen Darstellungen dreht sich ein Thema überwiegend um eine Figur, nämlich eine „Baumgöttin", deren besondere Stellung sich auch unschwer erkennen lässt. Das oben geschilderte Motiv in **Abb. 12**, „ein auf einem Baum sitzender Mensch und ein darunter stehender Tiger" ist mehrfach belegt (vgl. u. a. hier **Abb. 16**).[220] Auf einer anderen Darstellung greift ein weibliches Mischwesen aus „Mensch und Tier" einen am Kopf mit Baumzweigen geschmückten Tiger von hinten an (**Abb. 17**).[221] Dieser scheint überrascht worden zu sein und wendet sein Haupt nach dem Angreifenden. Hinter dem Mischwesen ist wiederum ein Baum zu sehen. Allem Anschein nach besteht die Botschaft in den geschilderten Szenen darin, dass ein mythologischer Inhalt wiedergegeben wird, in der offensichtlich „Tiger, Baum und Mensch" eine Rolle spielen - der Baum bietet dem Menschen im Wald Schutz vor dem gefährlichen Tier. Die Mythologie bezieht sich auf die Verehrung einer Baumgöttin, wie in **Abb. 7** und **Abb. 13** gezeigt wird.

---

[213] Parpola 1994, 103-106, s. hier Fußnote 3. Fairservis hat sich auch bemüht, anhand der dravidischen Sprachen Indussymbole zu deuten (1992, 153-188), die Ergebnisse sind jedoch nicht überzeugend.

[214] Da das Symbol Z oft am Ende einer Gruppe von Zeichen vorkommt, gehen manche Forscher davon aus, dass es eine grammatische Funktion hatte, nämlich ein Suffix (Parpola 1994, 60, 95f.). Nach Fairservis ist das Zeichen „Topf mit Griffen (1992, 173/J-5)", nach Kenoyer Piktogramm eines Stiers mit Hörnern oder Behälter mit Griffen, auf jeden Fall soll es sich um ein sehr wichtiges Wort oder eine Idee handeln (Kenoyer 1998, 71). Parpola deutet das Zeichen als Hörner einer Kuh und hat die Funktion eines possessiven Suffixes, es wird phonetisch mit dravidischem ā (+/- -tu) in Verbindung gebracht. Dazu heißt es weiter: „The Interpretation of this important sign remains open; this is just a suggestion that need testing" (Parpola 1994, 277).

[215] ICIT, Quick Search, sign 740, nach dem Stand vom 2017.

[216] Mahadevan 1977, 6, Tab. I, 722.

[217] Wells 2015, 13, 25.

[218] Mahadevan 1977, 717f.

[219] Wells 2015, 44.

[220] M-309, M-310, M-478, M-479, M-480, M-1185, M-1425, M-1431, H-163, H-176 (schlecht zu erkennen), H-181, H-715, H-1973, H-1974, K-49.

[221] M-1919, M-1168A (mit Baumzweigen geschmückter Tiger).

Anders als heute war das Verbreitungsgebiet der Induskultur teilweise dicht bewaldet, und Produkte der Wälder könnten für die Bevölkerung von wirtschaftlicher Bedeutung gewesen sein bzw. im täglichen Leben eine Rolle gespielt haben. Denkbar wäre es z. B., dass eine große Menge von Hölzern als Brennmaterial aus Wäldern herbeigeschafft werden musste, um Metalle, Töpferwaren, gebrannte Ziegel zu bearbeiten (vgl. **Abb. 7c**). Möglich wäre es aber auch, dass Honig, Waldfrüchte und andere Produkte in Wäldern gesammelt werden sollten. Unter den abgebildeten Tierdarstellungen auf Funden finden sich u. a. Elefant, Nashorn und Tiger, und es ist anzunehmen, dass sie auch in den Wäldern zu begegnen waren. So wird das Bedürfnis verständlich, dass es des Schutzes eines höheren Wesens bedurfte. Die Bedeutung der Baumgöttin ist bereits erkannt worden, sie wird oft auf Funden abgebildet.[222] Die Mythologie zeigt ihre Funktion als die Göttin des Waldes, die Beschützerin der Menschen.

Das charakteristische Merkmal der Göttin des Waldes in den bildlichen Darstellungen ist darin zu erkennen, dass sie von den Baumzweigen - wohl ihrem Attribut - umrahmt ist (vgl. **Abb. 13**). Dabei wird stets eine bestimmte Darbietung eingehalten, es handelt sich um zwei Zweige versehen mit nach außen ausgerichteten Blättern. Die Zweige werden so platziert, dass sich daraus eine U-förmige Gestalt ergibt.[223] Angesichts der Bedeutsamkeit der beiden Gegebenheiten der Induskultur, nämlich der Göttin des Waldes einerseits und des Symbols Z andererseits, wäre es durchaus nicht abwegig, anzunehmen, dass mit dem Symbol Z die Baumgöttin gemeint sein könnte.

Abgesehen von Belegen auf Keramiken sind drei Funde vorhanden, in denen das Symbol Z isoliert vorkommt. Eins davon wird auf einem Siegel aus Daimabad abgebildet (Dmd-1,CISI-1, 352), gemäß seiner philologischen Betrachtungsweise vertritt Wells die Ansicht, dass es „ein Wort" sein könnte, da es allein erscheint.[224] Bei dem zweiten Fund handelt es sich um eine Tafel mit Flachrelief aus Harappa (H-714, CISI-2, 318), darin ist auf einer Seite eine weibliche Figur und auf der anderen Seite möglichweise ein eingeritztes bzw. gezeichnetes U-Zeichen angebracht, wenn es nicht später entstanden sein sollte. Der andere Fund ebenfalls aus Harappa ist in der Form eines Prismas mit Flachreliefs auf allen drei Seiten (H-1150, CISI-3, 160). Darauf befinden sich auf einer Fläche eine männliche Figur möglichweise mit einem Gegenstand in der Hand, auf der zweiten Fläche ebenfalls eine männliche Figur mit einem Stock in der Hand und auf der dritten Fläche eine weibliche Figur (Hände sind nicht zu sehen). Aufgrund der Bekleidung und der Gestalt der Figuren zu urteilen, stellen diese keine Gottheiten dar. Von Bedeutung bleibt, dass am unteren Rand der Figuren jeweils das Symbol Z - möglicherweise zwei Strichen darin - angebracht ist.[225] Sollte die Auffassung zutreffen, dass es sich bei diesem Symbol um die Baumgöttin handelt, dann zeigt es die Verbundenheit dieser Personen mit ihrer Göttin.[226]

---

[222] M-488C, M-1186A, H-177B, H-179B, H-238a, H-242B, H-1951B. Siehe auch Parpola, 1994, 244, Fig. 14.5.

[223] Siehe Parpola 1994, 73: U-Zeichen aus zwei Blättern mit einem Krebs in der Mitte s. M-600, M-604, M-1555, M-1566, H-598, L-11. U-Zeichen möglicherweise ein Krebs in der Mitte, anstatt der Blätter mit vier Strichen daran (M-1563), offensichtlich ersetzt der Schreiber die Blätter durch die Striche.

[224] Wells 2015, 44.

[225] Parpola 1994, 91.

[226] Anders als die schlanken Beine der weiblichen Figur sind die beiden männlichen Figuren mit dicken Oberschenkeln abgebildet. Parpola geht davon aus, dass es sich bei diesen um Gottheiten handelt, und zwar in menschlicher Gestalt mit Stierschenkeln (Parpola 1994, 91, fig. 6.3a-c). Der Verfasser der vorliegenden Arbeit vertritt dagegen die Ansicht, dass die Beine der männlichen Figuren mit starken Muskeln und die der weiblichen Figur schlank wiedergegeben werden. Nach Parpola könnte das Symbol Z ein Wort sein, das als der Name oder der „Titel" der Gottheit verwendet wird. Nun findet sich das Symbol sowohl unter einer weiblicher, als auch einer männlicher Figur, so ist eher anzunehmen, dass es sich auf etwas Drittes bezieht, nach der Auffassung des Verfasser auf die Göttin des Waldes.

DEUTUNGSVERSUCH EINER INSCHRIFT

In den obigen Ausführungen hat sich der Verfasser der vorliegenden Arbeit bemüht, die Bedeutung des Symbols Z zu erkennen. Die Bedeutung des Symbols „Opfergefäß" scheint klar zu sein, und es ist auch auf die mögliche Deutung des „Lastenträgers" hingewiesen worden. *Die Stimmigkeit der Überlegungen zur Deutung der Indusschrift ist daran zu messen, ob damit eine Schrift übersetzt werden kann.* So soll nun versucht werden, ob der Sinn der hier erwähnten Inschrift aus den darin verwendeten Symbolen abgelesen werden kann. Dazu wird zunächst das aktuelle Wissen über diese Symbole zusammengefasst und mit Ziffern 1 bis 7 gekennzeichnet. Die angegebenen Häufigkeiten der Symbole nach ICIT (Stand 2017) beziehen sich nicht nur auf Inschriften, sondern auch auf diverse Objekte. Dabei wird die Häufigkeit einzelner Symbole im Bezug auf Symbol 4 bzw. Z angemerkt, da sie eventuell von Bedeutung sein könnte (von links nach rechts gelesen). Noch eine wichtige Bemerkung zum methodischen Vorgehen: *Es soll zunächst versucht werden, den Sinn der Inschrift allein aus den Bedeutungen der Symbole zu erfassen, erst dann die grammatische Struktur der Schrift zu erkennen und nicht umgekehrt.*[227]

- Symbol 1: Zusammengesetzt aus zwei Symbolen, das innere soll eine Variante von 7 sein, auffallend ist, dass die beiden Symbole (1 und 7) jeweils am Anfang und am Ende der Inschrift verwendet werden. Bedeutung ist unbekannt, es kommt 18-mal zusammen mit dem Symbol 4 vor.
- Symbol 2: Krebs, kommt 43-mal mit dem Symbol 4 vor, Bedeutung nach Parpola „ergreifen (Krallen eines Krebses)".[228]
- Symbol 3: Es kommt 136-mal mit dem Symbol 4 vor (statt drei wie hier mit vier Strichen daran). Farmer vermutet, dass es sich um einen gefesselten Menschen handeln könnte, und bringt das Symbol mit dem Menschenopfer in Verbindung (s. hier Fußnote 192).
- Symbol 4: Nach dem Befund dieser Arbeit „Göttin des Waldes" (vgl. **Abb. 13**), kommt insgesamt 1785-mal vor, diese Anzahl ist von großer Bedeutung.[229] Offen bleibt nur die Frage, was gemeint sein soll, wenn das Symbol Z in Inschriften mit hohen Zahlen verwendet wird (s. o. S.24).
- Symbol 5: Lastenträger, wird damit eine Person gemeint, die irgendetwas für irgendjemanden befördert, erscheint in der Mythologie der Göttin des Waldes (s **Abb. 12**), eine Variante davon kommt 12-mal mit dem Symbol 4 vor.
- Symbol 6: Drei Opfergefäße (s. **Abb. 15**), stehen in Beziehung zur Göttin des Waldes (Symbol 4), Anzahl drei deutet auf die Menge der Opfergabe hin.
- Symbol 7: Manche meinen, dass es sich um einen Halm/Stängel von Getreide handelt, kommt 54-mal zusammen mit dem Symbol 4 vor, vielleicht ein Gegenstand, der im Zusammenhang mit der Opfergaben an die Göttin des Waldes steht.

---

[227] Manche Forscher versuchen, erst die grammatische Struktur zu erkennen, mit der Hoffnung damit auch die Bedeutung der Indusschrift zu verstehen.
[228] Parpola 1994, 276.
[229] Vgl. hierzu auch in ICIT die Kombinationen 740 und 900 (42-mal), 740 und 904 (27-mal).

Die Inschrift kann zum derzeitigen Stand der Forschung nur teilweise gelesen werden, und zwar etwa:

> *„...der Göttin des Waldes (bringt) der Lastenträger die dreifachen Opfergaben (hin)..."*

Kommentar

Die Platzierung der Symbole wird nach einer wohlgedachten Ordnung vorgenommen, es steht außer Zweifel, dass es sich hier um eine Schrift handelt. Die Symbole „Opfergefäß" und „Göttin" sind nach uns vertrauter Grammatik als Nomina aufzufassen. Die Opfergefäße implizieren einerseits einen „Veranstalter" des Opfers, andererseits einen/eine „Empfänger/in" des Opfers. Die Empfängerin ist in diesem Fall klar, sie ist die Göttin, der Veranstalter bzw. der Auftraggeber kann der Lastenträger sein. Ferner weist das Symbol „Lastenträger" zwei Sachverhalte auf, eine Person (anthropomorphe Figur) und eine Handlung (das Tragen der Last). Es kann sozusagen als Nomen agentis bezeichnet werden, mit dem nicht nur der „Opfer-Veranstalter", sondern auch eine von ihm ausgeführte „Aktion" ausgedrückt wird. Es fragt sich nur, wodurch der Veranstalter belastet sein soll. Dazu folgender Vorschlag: Es handelt sich nicht um eine physische Tätigkeit, sondern um einen symbolischen Akt. Der Veranstalter des Opfers hat mit seinen Taten schwere Schuld auf sich geladen, so hat er eine Last zu tragen und bemüht sich, mit einem Opfer an die Göttin zu sühnen.

Die hier vorgeschlagene Übersetzung der Inschrift kann als ein Baustein betrachtet werden. Gelänge es nun, andere Symbole (1, 2, 3, 7) zu entziffern, was eine Aufgabe der künftigen Forschung sein soll, dann käme der Inhalt der Inschrift vollständig ans Licht. Was das Symbol 3 anbelangt, unterbreitet Benille Priyanka einen beachtenswerten Vorschlag, von dem gleich die Rede sein wird.

INDUSZEICHEN NACH PRIYANKA

Vidale, ein Kritiker der Symbol-These, machte darauf aufmerksam, dass Priyanka schon vor Farmer *et al* die Auffassung vertreten hat, die der Symbol-These von Farmer *et al* nahekommt. Vidale selbst fand zwar die Argumente von Priyanka in sich schlüssig, war jedoch mit dessen Deutungen der Induszeichen nicht einverstanden. Dennoch befürwortete er, die Arbeit zu veröffentlichen.[230] In einem Beitrag zum 70. Geburtstag von Shikaripur Ranganatha Rao befasste sich Priyanka mit der Entzifferung der Indusschrift noch auf der Basis der „Schrift-These".[231] Später revidierte er seine Ansichten, worauf sich die Bemerkung von Vidale bezog. Priyanka leitet seine Arbeit mit der Bemerkung ein: „The purpose of this paper is to bring to light some recent observations I have made regarding the hitherto undeciphered Indus valley script. These observations, which are based on iconographic clues from Indus seals and tablets, suggest that some of the standing 'man' signs in the Indus script may ideographically indicate 'divinity'. The paper expands on this suggestion, leading to a series of observations on possible identification of other Indus signs as standardized iconic imagery. My suggestion is that some Indus inscriptions are ideographically rendered religious and ritualistic narratives, comprised of sequences of standardized Indus signs."[232]

---

[230] Vidale 2007, 30, Fußnote 18.

[231] Priyanka erkannte darin sogar gewisse Ähnlichkeiten zwischen einigen Induszeichen und Brāhmī-Zeichen (1992, 129).

[232] Priyanka, 2003, 31.

Priyanka bezeichnet sein methodisches Vorgehen als „bi-iconographical evidence".[233] Die oben behandelte Inschrift (M-494, 495, CISI-1, 121f) wird auch von ihm berücksichtigt, und die Symbole werden gedeutet: „The nine signs begin with two that I cannot identify, but the next seven show the priest or worshipper before the divinity, here indicated by the bull/buffalo head and the man-sign with yoke, followed by the three offerings given to the sacred tree, indicated by the final sign. It is interesting to note that man-sign and head, here separated, can easily be imagined as place together ... The two signs clearly could be placed side-by-side or connected into a single man-sign."[234] An einer anderen Stelle heißt es "... the sign represents a prominent Indus deity with a bull/buffalo identity or wearing bull/buffalo headdress who may most probably be a water or fertility god."[235]

Es ist richtig, dass zwischen den Symbolen 4 und 5 eine enge Beziehung besteht, wenn sie zusammengeschrieben werden. Wenn sie aber getrennt platziert werden, dann beziehen sie sich auf zwei sehr unterschiedliche Sachverhalte. Wollte man hier eine Gottheit mit ihrer charakteristischen Kopfbedeckung wiedergeben, dann hätte man das zusammengesetzte Symbol verwendet. Symbol 3 wird von Farmer als „gefesselter Mensch" und von Priyanka als „Priester oder Anbeter" gedeutet. Die beiden Forscher erkennen unabhängig voneinander in dem Zeichen „eine menschliche Gestalt". Auf einer Variante des Symbols 3 findet sich nun folgende Darstellung (H-171):

Man könnte in diesem Symbol „einen niederknienden Menschen" erblicken. In der Inschrift ist die Rede von der Göttin und von Opfergaben, es fehlt eine weitere Person, nämlich ein Priester bzw. eine Priesterin - allem Anschein nach hat der Lastenträger eine andere Funktion, wohl ist er der Auftraggeber des Opfers. Die Striche der Figur könnten den auf dem Rücken fliegenden/liegenden Zopf am Kopf der Priesterin andeuten (vgl. **Abb. 13**). Wie wird nun die Übersetzung lauten, wenn man annimmt, dass Priyanka mit seiner Deutung des Symbols 3 als die Priesterin Recht hat und die Deutung des Symbols 2 „ergreifen" von Parpola zugrunde gelegt wird? Hier ein Versuch:

...Ergreifen von der Priesterin für die Göttin des Waldes die von dem Auftraggeber (des Opfers) erbrachten dreifachen Opfergaben...

Kommentar
Mit dem Ausdruck „ergreifen" könnte „empfangen" gemeint sein, *„die Priesterin empfängt die Opfergaben von dem Auftraggeber des Opfers."* Die Bedeutung der in der Übersetzung nicht berücksichtigten Symbole 1 und 7 ließ sich lediglich vermuten. Das Symbol 7 erscheint unmittelbar nach den Opfergefäßen. Es könnte auf die Art der Opfergaben, nämlich Getreide hindeuten. Die Inschrift beginnt mit dem Symbol 1, darin findet sich das Zeichen eines Stängels, das ebenfalls mit dem Getreide zu tun hat, durch das Zeichen des Kreises/Ovals bekommt das Symbol eine zusätzliche Bedeutung.

Die hier behandelte Inschrift kann als ein Glücksfall betrachtet werden, auch wenn die Deutung einiger Symbole nicht gesichert ist - es bedarf weiterer Untersuchungen der Funde, um Licht in die Bedeutung der Symbole 1, 2 und 7 zu bringen. Wenn es schließlich gelingt, den

---

[233] Priyanka, 2003, 60.
[234] Priyanka, 2003, 47.
[235] Priyanka, 2003, 40.

Sinn der Inschrift vollständig und richtig zu erkennen, dann wird der Fall ein Schlüssel zum Verständnis für die Indusschrift überhaupt sein.

OFFENE FRAGE

Abschließend soll auf ein Problem aufmerksam gemacht werden: Wie oben in den statistischen Angaben zu erkennen ist, enthält fast die Hälfte der Funde mit den Inschriften das Symbol Z bzw. die Göttin des Waldes. Es ist denkbar, dass diese Objekte zum religiösen Zweck verwendet worden waren. Es könnte ferner vermutet werden, dass nicht nur die Inschriften mit dem Symbol Z, sondern auch solche ohne das Symbol ebenfalls religiöse Bedeutung hätten. Dies könnte wiederum darauf hindeuten, dass sämtliche Funde mit den Inschriften ausschließlich mit sakralen Vorstellungen der Induskultur im Zusammenhang ständen.

Entgegen dieser Erwartung wird aber auf **Abb. 9** (Siegel mit einer Inschrift) dargestellt, wie Waffen mit einem Boot transportiert werden. Der Beleg bezeugt, dass zumindest einige Inschriften wirtschaftliche Bedeutung hatten. Wir wissen zwar nicht, wie die Wirtschaft der Induskultur funktionierte, es ist jedoch anzunehmen, dass das Tauschverfahren eine wesentliche Rolle gespielt hatte. Bei einer Transaktion größerer Menge von Waren müssten sie in irgendeiner Weise gekennzeichnet werden. Zu diesem Zweck könnten die Siegel verwendet worden sein.[236] Zu Klärung dieser Frage bedarf es weiterer Untersuchung des Materials.

LITERATUR (Ergänzung)

Farmer 2004a: S. Farmer, Mythological functions on Indus inscriptions - Eight conclusions arising from the non-linguistic model of Indus symbol (http://www.safarmer.com/downloads).
2004b: S. Farmer, The Illiterate Harappans - Theoretical Implications of Recent Studies of India's First Civilization (http://www.safarmer.com/downloads).
Farmer *et al* 2004: S. Farmer/R. Sproat/M. Witzel, The Collapse of the Indus-Script Thesis: The Myth of a Literate Harappan Civilization, in: Electronic Journal of Vedic Studies (EJVS), 11-2 (2004) pp. 19-57 (http://www.safarmer.com/downloads).
Fuls 2012: A. Fuls, Volumenmaße von Tongefäßen der Induskultur, in: Sven Weisbrich, Robert Kaden (Hrsg): Entwicklerforum Geoinformationstechnik 2011. Shaker Verlag, Aachen 2012, 101-114 (Aachen 2012).
… 2015: A. Fuls, Positional Analysis of Indus Signs, in Wells, 119-134 (Oxford 2015).
Halin/Vidale 1983: M. A. Halin/M. Vidale, Kilns, Bangles and Coated Vessels - Ceramic Production in Closed Containers at Mohenjodaro, in: Jansen/Urban, 1983, S. 63-97 (Aachen/Rom 1983).
ICIT: www.user.tu-berlin.de/fuls/Homepage/indus/menueindus.htm
Jansen/Urban 1983: M. Jansen/G. Urban, Reports on Field Work Carried out at Mohenjo-Daro, Vol. 1 (Aachen/Rom 1983).
Nissen *et al* 1993: H. J. Nissen/P. Damerow/R. K. Englund, Archaic bookkeeping: early writing and techniques of economic administration in the ancient Near East (Chicago 1993).
Possehl 2002: G. L. Possehl, The Indus Civilization - A Contemporary Perspective (New Delhi 2002).

---

[236] Vgl. Kenoyer, 1988, 77: „In all of the many ways in which writing was used, it is closely associated with cities, trade and ritual.Writing and seals remained important to the political and ritual elites as long as the trade networks and cities continued to exits."

Priyanka 1992: B. Priyanka, Decipherment of the Indus Script: A New Attempt, in: New Trends in Indian Art and Archaeology: S. R. Rao's 70th Birthday Felicitation Volume, hrsg. von B. U. Nayak/N. C. Ghodh, Vol 1, 123-31 (Delhi 1992).

… 2003: B. Priyanka, New Iconographie Evidence for Religious Nature of Indus Seals and Inscriptions, in: East and West 53 (1-4), 31-66.

Urban/Jansen 1987: G. Urban/M. Jansen, Vergessene Städte am Indus, Ausstellung-Katalog, (Aachen 1987).

Vidale 2007: M. Vidale, The collapse melts down: A reply to Farmer, Sproat & Witzel, in: East and West 57 (1-4), 333-366 (2007).

Witzel 2010: M. Witzel, Das Alte Indien (München 2010).

ZUSAMMENFASSUNG

Die 2. Auflage behandelt im Hinblick auf das Zahlensystem weitere Fälle, in denen von den Induszahlen Gebraucht gemacht wird. Der Beitrag ist zugleich eine kritische Betrachtung der „Symbol-These" von Steve Farmer, Richard Sproat und Michael Witzel. Die Untersuchung hat Folgendes ergeben: Jeweils für sich allein betrachtet sind die Induszeichen Symbole, werden aber die Symbole in Gruppen platziert, dann haben sie die Merkmale einer Schrift. Die Indusschrift wurde zum speziellen Zweck verwendet, und es ist davon auszugehen, dass dabei keine Notwendigkeit für längere Texte mit umfangreichen Informationen bestand. Um sich in den Sinngehalt der Indusschrift bzw. einer Gruppe der Indussymbole hineinzuversetzen, ist zunächst die symbolische Bedeutung der einzelnen Induszeichen festzustellen. Abschließend bemüht sich der Verfasser zu erkennen, inwieweit aufgrund der Befunde dieser Untersuchung eine Inschrift der Induskultur übersetzt werden kann.

ABSTRACT

The second Edition deals with further use of the Indus-Numerals in context of the Numeral-System. The contribution is also a critical discussion on the "symbol thesis" of Steve Farmer, Richard Sproat und Michael Witzel. The studies come to following conclusions: The isolated Indus-signs are symbols; the Indus-symbols possess characteristic qualities of scripts, when they are range in combinations. Indus-script was created for a particular purpose; one has to assume that it was not intended to use for longer texts with extensive information. In order to understand the sense of the Indus-script one has to ascertain at first the symbolic meanings of Indus-signs. Finally author tries to perceive, how far an inscription of the Indus-civilization can be translated on the basis of the results of the present studies.